本书受到教育部人文社科基金项目（编号：16YJA630027）资助

任务导向董事会断裂带、决策行为与企业战略绩效

李小青　著

中国财经出版传媒集团

经济科学出版社
Economic Science Press

图书在版编目（CIP）数据

任务导向董事会断裂带、决策行为与企业战略绩效/
李小青著 . —北京：经济科学出版社，2019. 6
ISBN 978 - 7 - 5218 - 0558 - 1

Ⅰ. ①任… Ⅱ. ①李… Ⅲ. ①上市公司 - 董事会 -
企业管理 - 研究 - 中国 Ⅳ. ①F279. 246

中国版本图书馆 CIP 数据核字（2019）第 099200 号

责任编辑：申先菊 赵 悦
责任校对：王肖楠
责任设计：齐 杰
责任印制：邱 天

任务导向董事会断裂带、决策行为与企业战略绩效
李小青 著
经济科学出版社出版、发行 新华书店经销
社址：北京市海淀区阜成路甲 28 号 邮编：100142
总编部电话：010 - 88191217 发行部电话：010 - 88191522
网址：www. esp. com. cn
电子邮件：esp@ esp. com. cn
天猫网店：经济科学出版社旗舰店
网址：http://jjkxcbs. tmall. com
固安华明印业有限公司印装
710×1000 16 开 12 印张 210000 字
2019 年 6 月第 1 版 2019 年 6 月第 1 次印刷
ISBN 978 - 7 - 5218 - 0558 - 1 定价：78. 00 元
（图书出现印装问题，本社负责调换。电话：010 - 88191510）
（版权所有 侵权必究 打击盗版 举报热线：010 - 88191661
QQ：2242791300 营销中心电话：010 - 88191537
电子邮箱：dbts@ esp. com. cn）

前言
PREFACE

　　面对经济全球化背景下日益复杂激烈的竞争环境和多元化的社会环境，通过构建异质性的董事会为企业提供战略决策资本，已经成为我国企业面临的一个必然选择。然而，随着董事会成员异质性程度的增加，董事会内部在达成战略决策共识方面会出现分离均衡并形成不同的决策子群体，即产生群体断裂带。尽管群体断裂带在揭示异质性群体内成员行为的动态性时有很好的应用前景，然而，目前我国学者关于群体断裂带对群体行为和效能影响的研究还比较缺乏，在公司治理领域，从群体断裂带视角解读董事会的相关研究尚不多见。

　　作为战略决策主体和公司治理核心机制的董事会，其成员固有的异质性引发的断裂带究竟如何影响企业战略绩效就成为一个值得我国企业界和学术界关注和持续考虑的重要问题。本书旨在已有董事会异质性和群体断裂带研究的基础上，基于我国独特的社会文化背景和制度情境，从战略管理、公司治理和心理学的多重视角，深入剖析任务导向董事会断裂带对企业战略绩效的影响机制，系统考察董事长职能背景和董事会持股比例对任务导向董事会断裂带与企业战略绩效关系的调节作用，得出具有基础性以及广泛应用价值的研究成果，以期为我国上市公司在充分利用董事会断裂带来益处的同时，最大限度地弱化其对企业战略绩效产生的消极影响提供了借鉴。

　　本书拟在以下几方面有所突破：第一，基于我国独特的社会文化背景和制度情境，研究任务导向董事会断裂带对企业战略绩效的影响机理，能够为打开被学术界和实践界称为董事会战略决策的"黑箱"系统提供一个可观察的视角。第二，尝试超越传统的I—O模式，基于I—P—O范式深入探究任务导向董事会断裂带对董事会决策行为的影响，实证检验决策行为在任务导向董事会断裂带与企业战略绩效之间所起的中介作用，能够为全球范围内董事会决策行为研究提供新的经验证据。第三，综合运用战略管理、公司治理和心理学领域的主流学说，构建了任务导向董事会断裂带、决策行为与企业战略绩效的整合研究框架，有助于推进战略管理、公司治理与心理学理论的融合发展。

目录
CONTENTS

第一章

引　　言

本章首先明确了本书研究的问题，然后围绕研究问题阐述了本书具有的理论价值和实践价值，接下来介绍了本书的研究内容和研究框架，最后对使用的研究方法进行了说明。

第一节　研究背景与研究问题

一、研究背景

在历经了改革红利阶段、加入世界贸易组织带来的开放红利阶段以后，中国改革开放与创新发展进入了经济发展新常态阶段。当前，我国经济发展面临着长期经济高速增长过程中积累的一系列突出矛盾，难以延续过去的高速增长，创新是破解体制弊端和结构性矛盾、实现经济发展方式转变的内生动力（冯之浚等，2015）。企业作为综合创新的基本单元，在构建国家创新体系中的地位愈加突出，凭借创新来促进竞争优势的获取和延续，已经成为我国企业生存和发展的关键。而高管团队作为创新决策的微观主体，是影响企业创新能力提升的重要因素。面对知识经济背景下日益复杂、激烈的竞争环境，通过构建异质性的董事会为企业提供战略决策资本，已经成为我国企业的必然选择。然而随着董事会成员异质性程度的增加，董事会内部在达成战略决策共识方面会出现分离均衡并形成不同的决策子群体，即产生断裂带（Bezrokuva et al. , 2012；Tuggle et al. , 2010）。

如创业型公司董事会由不同来源、背景的成员组成，不同类型董事之间具有多元化甚至相互冲突的利益诉求，由于创始人董事对焦点公司具有更高程度的心理承诺，而风险投资董事更加关注投资回报和财务上的成功，因此，在面临融资、并购、首次公开发行（Initial Public Offering，IPO）等战略决策时，董事会内部会形成创始人董事和风险投资董事两个子群体。家族企业董事会由家族成员和非家族成员组成，家族成员具有共同的文化、价值观以及从其父母和亲戚身上继承的行为规范，对家族企业具有更高的情感依赖和认同；和家族成员相比，非家族成员具有相似的外部从业经验和被家族成员排除在外的共同感受，所以家族企业董事会可能会形成家族成员和非家族成员两个子群体。与此相类似，国际合资企业董事会可能会形成由母国成员组成的子群体和东道国成员组成的子群体。所以，群体断裂带内生性的存在于异质性成员组成的董事会中。

群体断裂带（Group Faultlines）是基于群体成员一个或多个属性特征，把群体划分为若干子群体的假想分割线。[①] 该构念揭示了由多重属性特征排列所导致的团队分裂现象。例如，性别断裂带会形成男性子群体和女性子群体。如果基于群体成员的基本轮廓（Profile），同时考察多重属性特征的话，群体成员的属性特征排列越整齐，则断裂带越强、越突出（Thatcher et al. , 2003）。例如，如果团队 A 中所有的男性成员都是 60 岁以上的德国人，所有的女性成员都是 30 岁以下的非德国人，由于两个子群体均由属性特征完全一致的个体组成，在这种情况下群体断裂带的强度非常强。与此相对照，如果团队 B 的男性成员中既有 60 岁以上的又有 30 岁以下的，既有德国国籍的又有非德国国籍的（女性成员也是如此），由于群体成员的年龄、性别、国籍互有交叉，子群体之间的划分就不太明显，在这种情况下群体断裂带的强度则较弱。

但在概念上，群体断裂带视角与通过考察单一维度的多样性指标来评价团

---

① Lau D. C. , Murnighan J. K. Demographic Diversity and Faultlines：The Compositional Dynamics of Organizational Groups ［J］. Academy of Management Review，1998，23（2）：325 –340.

队整体多样性明显不同，原因在于后者没有考虑不同属性之间的相互作用①。因此，团队多样性不能反映团队内部不同属性特征的排列方式（Alignment Approach）。正如上例表明的，如果不考虑一个团队是否被划分为两个不同子群体的话，总体而言两个团队的多样性程度完全相同②。

因此，和多样性相比，群体断裂带的概念更精确、更集中（Harrison and Klein，2007）。别兹鲁科夫、撒切尔和耶恩（Bezrukova，Thatcher and Jehn，2007）在分析了有关群体组成的多种理论后指出，和基于单一维度特征的多样性指标相比，群体断裂带的概念能够对群体行为和效能提供更全面的解释。这一点在劳和默宁翰（Lau and Murnighan，2005）的研究中更清晰地体现出来：作者研究发现，在关于团队成员如何评价团队行为过程和看待彼此方面，与把种族、性别差异作为独立维度来考察相比，基于种族和性别把团队划分为不同的子群体能够解释更多的变异。已有研究已经明确把群体断裂带与团队凝聚力、冲突水平和信息处理能力和团队绩效联系在一起（如 Hutzschenreuter and Horstkotte，2013；Tuggle et al.，2010；Bezrukova et al.，2009；Dahlin、Weingart and Hinds，2005；Gibson and Vermeulen，2003）。

学者们的研究表明，群体断裂带是一把"双刃剑"，既可能对群体行为和效能产生积极的促进作用，也可能产生消极的影响。③ 换句话说，断裂带处理得当能够促进群体内部不同子群体间的学习和交流，提高解决问题的合力；而处理不当很可能会导致群体内部的冲突和内耗。

例如，在我国公司治理转型过程中，计划 IPO 上市从而打造中式快餐第一品牌的"真功夫"遭遇了家族内讧、家电零售商国美遭遇了控制权之争、多元化企业＊ST 联华遭遇了董事长被罢免风波（李小青，胡朝霞，2015），这些案例表面上是控制权之争，但本质上都可以归结为战略决策的结果。之所以出现结果偏差，更深层次的原因来源于公司的战略决策主体董事会，伴

---

① Bezrukova K.，Thatcher S. M. B，Jehn K. A. Group Heterogeneity and Faultlines：Comparing Alignment and Dispersion Theories of Group Composition［J］. Conflict in Organizational Groups：New Directions in Theory and Practice，2007：57 – 92.

② Lau D. C，Murnighan J. K. Interactions Within Groups and Subgroups：The Effects of Demographic Faultlines［J］Academy of Management Journal，2005，48（4）：645 – 659.

③ Thatcher S. M. B，Patel P. C. Group Faultlines：A Review，Integration and Guide to Future Research［J］. Journal of Management，2012，38（4）：969 – 1009.

随着其成员异质性产生的群体断裂带被控制权问题激活后引发的董事会冲突。

因此，如何在充分利用董事会群体断裂带带来益处的同时，最大限度地弱化其对企业战略绩效带来的消极影响，成为我国企业面临的一个巨大挑战。

二、研究问题

自 20 世纪 90 年代后期至今，我国经济改革的核心之一是建设现代企业制度，构建企业竞争优势。这一政策的内涵本质上表现为通过强调公司治理机制特别是法人治理结构的完善，来提升我国企业的竞争力。即对我国企业而言，法人治理结构是企业构建竞争优势的一个充分条件。根据战略管理的思想，强调作为制度安排的法人治理结构在获取企业竞争优势中的作用，突出表现为两层含义：其一，企业竞争优势的生成、保持和延续。由于竞争优势的来源不同而不同，是一个动态的价值创造过程。其二，决定企业竞争优势动态构建的决策主体和机制，同样是竞争优势的一类重要决定因素。董事会作为公司治理机制的核心和竞争优势的潜在来源，承担着为公司战略分配资源、提供创造性思维以及建立与外界联系的任务，其构成能否有效为企业战略决策服务，直接关系着企业经营的成败。海外学术界甚至有董事会决策佳则企业兴、企业兴则国家兴的独特观点。

企业竞争优势的构建，或者一般意义上价值创造，受到战略管理和公司治理相互作用的影响。[①] 事实上，在战略管理和公司治理研究的交叉领域，日益形成一个突出董事会、战略决策和企业战略绩效三者间关系的热点问题（Johnson，2008；Pugliese et al.，2009），该问题逐步成为开启董事会决策行为过程"黑箱"的重要途径。[②]

因此，作为战略决策主体和公司治理核心机制的董事会，其成员固有的

[①] 周建，刘小元，于伟. 公司治理机制互动的实证研究 [J]. 管理科学，2008，21（1）：2 - 13.

[②] Leblanc R，Schwartz M. S. The Black Box of Board Process：Gaining Access to a Difficult Subject [J]. Corporate Governance：An International Review，2007，15（5）：843 - 851.

异质性引发的群体断裂带究竟如何影响企业战略绩效就成为一个值得我国企业界和学术界关注和持续考虑的重要问题。

第二节　研究目的与研究意义

一、研究目的

近20年来，董事会作为股东间接控制的手段，在战略管理和公司治理学术研究中受到广泛的关注，并已经发展成为一个独立的研究领域。同时，自从劳和默宁翰（Lau and Murnighan，1998）开创性地提出群体断裂带的概念以来，国内外学者关于群体断裂带的研究日趋丰富，AMR、ASQ、AMJ、SMJ 等国际顶级学术期刊频频刊发相关实证研究成果（Gibson and Vermeulen，2003；Barkema and Shvyrkov，2007；Tuggle et al.，2010；Minichilli et al.，2010；Kaczmarek et al.，2012；Hutzxchenreuter and Horstkotte，2013；Lim et al.，2013），使得团队分裂现象日益引起理论界与实践界的重视。但是和学者们在团队多样性研究领域取得的丰硕成果相比，把群体断裂带的概念应用于团队有效性研究还比较缺乏，基于群体断裂带视角对公司治理和董事会进行的研究更是鲜见[①]。而把群体断裂带的概念应用于公司治理和董事会研究，有助于我们基于社会认同视角对董事会这一特殊决策群体进行分析，对影响董事会决策行为过程的内部动态性进行深入考察。

从这个意义上说，超越委托代理理论的基本范式，基于社会认同理论视角把群体断裂带的概念应用于公司治理领域进行研究，能够为深入理解董事会构成与企业战略绩效之间的关系提供新的洞见。基于以上考虑，本书应用群体断裂带的概念对董事会组成及其内部动态性进行考察，并研究由于董事会分裂对企业战略绩效可能带来的消极影响。虽然董事会构成与企业战略绩

---

① Kaczmarek S, Kimino S, Pye A. Board Task-related Faultlines and Firm Performance: A Decade of Evidence [J]. Corporate Governance: An International Review, 2012, 20 (4): 337 –351.

效之间的关系是公司治理领域极受欢迎的一个研究主题，然而学者们关于董事会内部的社会动态过程以及这个动态过程被打破后可能解决途径的研究相对较少。①②③ 群体断裂带的概念能够准确地捕捉由于子群体存在所导致的团队分裂现象，使得我们深入探究董事会内部的社会动态过程及其价值效应成为可能。

本书旨在已有董事会治理和群体断裂带研究的基础上，基于我国独特的社会文化背景和制度情境，从战略管理、公司治理和心理学的多重视角，深入剖析任务导向董事会断裂带对企业战略绩效的影响机制，系统考察董事长职能背景和董事会持股比例两个董事会情境变量对任务导向董事会断裂带与企业战略绩效的调节作用，并探究董事会决策行为与董事会情境因素对任务导向董事会断裂带与企业战略绩效关系的联合影响，得出具有基础性以及广泛应用价值的研究成果，以期为我国上市公司在充分利用任务导向董事会断裂带带来益处的同时，最大限度地为弱化其对企业战略绩效带来的消极影响提供借鉴。

二、研究意义

董事会作为公司内部治理机制的核心，不仅可以弥补由于现代公司制企业股权分散产生的代理成本问题④，而且还能够为管理层提供必要的建议和咨询⑤、缓解组织对外部环境的依赖⑥。然而，关于董事会与企业战略绩效

① Minichilli A, Gabrielsson J, Huse M. Board Evaluations: Making a Fit between the Purpose and the System [J]. Corporate Governance: An International Review, 2007, 15 (4): 609 –622.

② Leblanc R, Schwartz M. S. The Black Box of Board Process: Gaining Access to a Difficult Subject [J]. Corporate Governance: An International Review, 2007, 15 (5): 843 –851.

③ Jensen M. C, Meckling W. H. Theory of the Firm: Managerial Behavior, Agency Costs and Ownership Structure [J]. Journal of Financial Economics, 1976, 3 (4): 305 –360.

④ Adams R. B, Ferreira D. A Theory of Friendly Boards [J]. The Journal of Finance, 2007, 62 (1): 217 –250.

⑤ Hillman A. J, Withers M. C, COLLINS BJ. Resource Dependence Theory: A Review [J]. Journal of Management, 2009, 35 (6): 1404 –1427.

⑥ Anderson R. C, Reeb D. M, Upadhyay A, et al. The Economics of Director Heterogeneity [J]. Financial Management, 2011, 40 (1): 5 –38.

之间的关系仍未取得一致性结论。国内外已有研究主要基于委托代理理论或资源依赖理论视角，在"I（Input，输入）—O（Output，输出）"框架下考察董事会对企业战略绩效的影响，而关于董事会内部社会动态过程的研究比较缺乏，基于多理论视角探索董事会内部潜在的群体断裂带对企业战略绩效影响的研究更是鲜见。因此，对该问题进行研究具有重要的理论价值和现实指导意义。

（一）理论意义

1. 为打开被学术界和实践界称为战略决策"黑箱"的系统提供一个可观察的视角

在知识经济条件下经济全球化、竞争动态化、文化多元化的商业环境成为当代企业面对的主要外部环境特征。异质性的董事会能够为企业提供战略人力资本和社会资本，无疑会对企业战略绩效产生重要的影响。[①] 大型的跨国公司，如百事、宝洁、摩托罗拉、壳牌石油公司等，都认为董事会成员异质性有利于开发新产品、新市场等新的战略机会。加州公共雇员退休系统 2009 年初发布的一份报告指出：更高程度的董事会异质性能够带来超额的股东回报和盈利能力。因此面对经济全球化背景下日益激烈的竞争环境，通过构建异质性的董事会为企业提供战略决策资本已经成为我国企业的必然选择，董事会异质性成为公司治理领域的研究热点（Tuggle et al.，2010）。

然而，以往研究虽然关注董事会内部异质性的资源，但是大都忽视了董事会成员作为多重属性特征集合的特点，一次只评价群体成员某一方面的特征与公司绩效之间的关系，导致实证研究结论并不一致。[①] 此外，传统的董事会异质性研究大都忽视了异质性可能带来的消极影响，即伴随着董事会成员异质性可能产生的群体断裂带问题。在国内外为数不多的关于董事会群体断裂带的实证研究中（Tuggle et al.，2010；Bezrokuva et al.，2012；周建和李小青，2012；Hutzschenreuter and Horstkotte，2013），学者们要么立足于考

---

① 周建，李小青. 董事会认知异质性对创新战略影响的实证研究 [J]. 管理科学，2012，25（6）：1 - 12.

察董事会群体断裂带对企业战略选择的直接影响，要么着眼于分析董事会群体断裂带与企业价值之间的直接关系。如塔格尔等（Tuggle et al.，2010）探讨了董事会异质性和群体断裂带对董事会成员在决策过程中对创业问题讨论的影响,[①] 卡奇马雷克等（Kaczmarek et al.，2012）[②] 研究了董事会群体断裂带对企业价值带来的影响。关于董事会群体断裂带究竟是如何影响企业战略绩效的，二者之间的作用机制如何？却不得而知。本书的主要目的就是深入考察董事会群体断裂带对企业战略绩效的影响机理，这对董事会治理研究的丰富和延续具有重要意义。

此外，在转型经济背景下，我国公司制企业赖以生存的制度环境和文化环境与西方国家存在明显差异，以西方发达国家文化背景得出的群体断裂带理论在我国的适用性和有效性都值得质疑。因此，在我国独特的文化情境和转型经济背景下，研究董事会群体断裂带对企业战略绩效的影响机理，不但可以检验国外群体断裂带理论的适用性，还可以促进我国学者在董事会决策行为研究领域的拓展和延伸，为打开被学术界和实践界称为战略决策的"黑箱"系统提供一个可观察的视角。

2. 丰富国内学者关于董事会决策行为研究的经验证据

卡耐基学派的学者认为，复杂决策在很大程度上是决策参与者行为因素的结果（Cyert and March，1963；March and Simon，1958）。根据他们的观点，有限理性、相互冲突的目标、大量选择以及成员的不同愿景限制了最优决策的实现。一般来说，组织面临的决策越复杂，行为理论越适用。所以公司的战略选择很大程度上反映了决策者的特质，每个决策者都会把其偏好带到管理情境中，这些偏好受决策者的职能背景、教育背景、组织任期、成员类型的影响，是决策者认知基础的反映。鉴于董事会战略监督和战略参与行为的复杂性，以及对于企业战略绩效的重大意义，应用行为理论对董事会进行分析尤其适用。

---

① Tuggle C. S, Schnatterly K, Johnson R. A. Attention Patterns in the Boardroom：How Board Composition and Processes Affect Discussion of Entrepreneurial Issues [J]. Academy of Management Journal, 2010, 53 (3)：550 – 571.

② Kaczmarek S, Kimino S, Pye A. Board Task-related Faultlines and Firm Performance：A Decade of Evidence [J]. Corporate Governance：An International Review, 2012, 20 (4)：337 – 351.

但目前国内外学者关于董事会与企业战略绩效之间关系的研究主要基于委托代理理论，沿用 I(Input，输入)—O(Output，输出) 范式，探讨静态的董事会结构变量与公司绩效之间的关系，关于董事会决策行为对企业战略绩效影响的研究尚不多见[①]。在董事会层面，为了打开董事会决策行为过程的"黑箱"，国内外学者不断进行努力探索，如李建标等（2009）运用实验研究的方法对董事会投票行为进行了研究[②]，米尼基利（Minichilli，2009）和张（Zhang，2010）基于问卷调查获取的数据，实证考察了董事会决策行为对企业战略绩效和可持续竞争优势的影响，贝利和佩克（Bailey and Peck，2013）通过对美国 8 个公司 29 个董事进行半结构访谈，对董事会的战略决策风格进行了研究。[③] 但是，由于难以获取董事会决策行为的数据，目前国内学者（牛建波和李胜楠，2007；王斌和童盼，2008；宁家耀和王蕾，2008；尹志宏、于上尧和姜付秀，2011；吴楠等，2013）大都以董事会会议次数作为董事会决策行为的代理变量，对董事会决策行为与公司绩效之间的关系进行考察，但实证研究结论并不一致。

本书尝试超越传统的 I—O 模式，基于社会认同视角并沿用 I(输入)—P(Process，过程)—O(输出) 范式，深入考察任务导向董事会断裂带对董事会努力程度和信息共享两个决策行为变量的影响，并实证检验董事会决策行为在任务导向董事会断裂带与企业战略绩效之间所起的中介作用，这将有助于丰富国内学者关于董事会决策行为研究的经验证据。

3. 促进战略管理、公司治理与心理学理论的结合

自从伯利和米恩斯（Berle and Means，1932）提出所有权和控制权分离所产生的问题以来，委托代理理论在公司治理研究中一直占据主导地位。董事会作为公司治理领域特殊的战略决策群体，特别容易受到"过程损失"的影响，其效能很大程度上依赖于社会心理过程，特别是有关群体成员参与和

[①] Huse M，Hoskisson R，Zattoni A et al. New Perspectives on Board Research：Changing the Research Agenda [J]. Journal of Management & Governance，2011，15（1）：5 – 28.

[②] 李建标，巨龙，李政，等. 董事会里的"战争"——序贯与惩罚机制下董事会决策行为的实验分析 [J]. 南开管理评论，2009（5）：70 – 76.

[③] Bailey B. C，Peck S. I. Boardroom Strategic Decision—Making Style：Understanding the Antecedents [J]. Corporate Governance：An International Review，2013，21（2）：131 – 146.

互动、信息交流以及批判讨论等活动。① 如唐方方和高玥（2013）研究发现，董事会作为公司治理领域的特殊决策群体，其内部的组别偏好和从众偏好会对独立董事的投票行为产生影响。②

作为公司治理领域的复杂决策群体，董事会成员同时具有多重属性特征（如职能背景、教育背景、组织任期等），倾向于根据不同的属性特征来定义自我，把自己和他人归入不同的社会类别，处于同一类别中的个体共享相同的情感，并对所处子群体表现出高度的社会认同。③ 子群体成员间的社会认同将导致"内群体—外群体"的感知，积极自尊的需求会驱动个体赋予他们所属子群体积极评价，而将消极评价强加于其他群体。④ 在断裂带强度较大的情况下，董事会成员对子群体的认同会超过对整个公司董事会和股东价值的认同。董事会成员之间的认同冲突会影响董事会内部的社会动态性，"我们—他们"的态度会加速董事会的分裂，破坏董事会对战略决策资源的整合，进而影响了企业战略绩效。

本书运用战略管理、公司治理和心理学领域的主流学说，对任务导向董事会断裂带、董事会决策行为与企业战略绩效之间的关系展开研究，这无疑有助于推进战略管理、公司治理与心理学理论的结合。

（二）实践意义

1. 为上市公司有效管理董事会群体断裂带提供参考

群体断裂带是一把"双刃剑"，既可能对群体行为和效能产生积极的促进作用，也可能产生消极的影响。⑤ 本书以我国沪深 300 成分股上市公司为

---

① Forbes D. P, Milliken F. J. Cognition and Corporate Governance: Understanding Boards of Directors as Strategic Decision—Making Groups [J]. Academy of Management Review, 1999, 24 (3): 489 – 505.

② 唐方方, 高玥. 独立董事投票行为影响因素的作用机理分析 [J]. 管理现代化, 2013 (3): 47 – 49.

③ Kaczmarek S, Kimino S, Pye A. Board Task-related Faultlines and Firm Performance: A Decade of Evidence [J]. Corporate Governance: An International Review, 2012, 20 (4): 337 – 351.

④ Hogg M. A, Terry D. I. Social Identity and Self – categorization Processes in Organizational Contexts [J]. Academy of Management Review, 2000, 25 (1): 121 – 140.

⑤ Bezrukova K, Jehn K. A, Zanutto E. L, et al. Do Workgroup Faultlines Help or Hurt? A Moderated Model of Faultlines, Team Identification and Group Performance [J]. Organization Science, 2009, 20 (1): 35 – 50.

样本，深入研究了任务导向董事会断裂带对董事会决策行为和企业战略绩效的作用机理，考察了董事长职能背景和董事会持股比例两个董事会情境变量对任务导向董事会断裂带与企业战略绩效关系的调节作用，强调了董事长在建立董事会成员超级认同和弱化任务导向董事会断裂带对企业战略绩效消极影响方面扮演的角色。本书的研究结论能够为我国上市公司有效地应对和治理董事会群体断裂带可能带来的负面效应提供参考。

2. 为上市公司挑选和任命董事会成员提供借鉴

本书突出一个重要事实，即董事会构成对董事会决策行为以及企业战略绩效具有重要的影响。虽然全球范围内增加董事会异质性的呼声日益高涨，但是随着董事会成员异质性程度的增加，董事会内部会出现分离均衡并形成群体断裂带。[1] 所以，公司治理实践应该时刻关注伴随着董事会异质性可能产生的群体分化现象，并把群体断裂带作为董事会任命和选聘过程中持续考虑的一个重要问题。本书基于我国独特的社会文化背景和制度情境，对我国上市公司任务导向董事会断裂带对企业战略绩效的影响机理进行研究，以期为我国上市公司董事会成员选聘提供借鉴。

3. 为董事会参与战略决策提供支持

如何在不确定性增加和动态竞争加剧的环境下获取竞争优势，是我国企业走向世界面临的重要问题。[2] 而企业竞争优势的获取和延续，离不开和企业当前执行战略所匹配的组织结构和运行机制的支持。尤其是董事会作为公司内部治理机制的核心和战略决策的能力来源，其构成和制度安排能否有效为公司战略服务，直接关系到企业经营的成败。

因此，基于我国沪深 300 成分股上市公司的数据，本书深入考察了任务导向董事断裂带对企业战略绩效的主效应、董事会努力程度和信息共享两个决策行为变量对任务导向董事会断裂带与企业战略绩效关系的中介效应、董事长职能背景和董事会持股比例两个董事会情境变量对任务导向董事会断裂带与企业战略绩效关系的调节效应，以及董事会情境与董事会决策行为对任

---

①　Kaczmarek S，Kimino S，Pye A. Board Task-related Faultlines and Firm Performance：A Decade of Evidence [J]. Corporate Governance：An International Review，2012，20（4）：337 - 351.

②　周建，方刚，刘小元. 制度环境、公司治理对企业竞争优势的影响研究——基于中国上市公司的经验证据 [J]. 南开管理评论，2009（5）：18 - 27.

务导向董事会断裂带与企业战略绩效关系的联合效应，以期为提高我国公司制企业董事会战略监督和战略参与能力提供决策支持。

第三节 研究内容、研究思路与研究方法

研究内容来自本书的核心研究问题："我国上市公司董事会群体断裂带究竟如何影响企业战略绩效？"的层次分解。具体研究内容包括任务导向董事会断裂带对企业战略绩效影响的主效应、董事会决策行为对任务导向董事会断裂带与企业战略绩效影响的中介效应、董事长职能背景和董事会持股比例两个董事会情境变量对任务导向董事会断裂带与企业战略绩效影响的调节效应，以及董事会决策行为与董事会情境对任务导向董事会断裂带与企业战略绩效影响的联合效应几个部分。在研究过程中，笔者应用规范研究与实证研究相结合的方法，对本书的研究问题进行合理规范的分析与检验。

一、研究内容

本书共分7章进行，各章的逻辑架构和拟解决的关键问题如图1.1所示。

第一章 引言。本章以经济全球化背景下董事会制度建设的有效性为研究背景，根据我国公司制企业董事会异质性过程中面临的障碍，提出了本书的研究问题，明确了研究的理论价值与实践价值，介绍了研究的主要内容和采用的研究方法，并构建了全书的研究框架。

第二章 理论回顾与文献综述。本章首先归纳了与本书主题相关的心理学、公司治理和战略管理领域的主要理论及基本思想，在此基础上对群体断裂带概念的形成与演化、群体断裂带与群体行为、董事会决策行为与企业战略绩效、董事会群体断裂带与企业战略绩效的国内外相关研究成果进行了详细的梳理与回顾，评述了当前研究的局限性，并指出了本书的研究方向。

第三章 概念界定与模型构建。本章首先界定了本书的核心概念和衍生概念，明确了任务导向董事会断裂带的内涵、来源和构成，然后基于社会认同

理论、资源基础观和委托代理理论分析了任务导向董事会断裂带对董事会决策行为和企业战略绩效的影响，从理论层面厘清了"任务导向董事会断裂带—董事会决策行为—企业战略绩效"的内部作用逻辑，并从权变过程视角构建了董事长职能背景和董事会持股比例两个董事会情境变量对任务导向董事会断裂带与企业战略绩效关系的调节作用模型，为后面章节的实证研究奠定了理论基础。

第四章 决策行为对任务导向董事会断裂带与战略绩效的中介效应。本章从董事会决策行为中介作用的视角，对任务导向董事会断裂带对企业战略绩效的作用机制进行了实证检验，考察了任务导向董事会断裂带对企业战略绩效的主效应，以及董事会努力程度和信息共享两个决策行为变量对任务导向董事会断裂带与企业战略绩效关系的中介效应，为深入把握我国上市公司任务导向董事会断裂带对企业战略绩效的影响提供了直接的经验证据。

第五章 董事长职能背景与董事会持股比例的调节效应。本章从董事长职能背景和董事会持股比例调节作用的视角，对此二类情境因素在任务导向董事会断裂带与企业战略绩效之间的调节作用进行了分析和检验，为我国上市公司采取措施弱化任务导向董事会断裂带对企业战略绩效可能带来的消极影响提供了经验证据。

第六章 董事长职能背景与董事会决策行为的联合效应。本章在前面第四章和第五章研究的基础上，构建了有中介的调节效应模型，考察了董事长职能背景与董事会决策行为对任务导向董事会断裂带与企业战略绩效关系的联合影响，从总体架构层面揭示了任务导向董事会断裂带对企业战略绩效的内部作用逻辑。

第七章 结论。本章在总结概括全书研究成果的基础上，提出了相关的对策建议，并明确了本书的特色与创新之处，最后对本书的局限性以及未来有待进一步研究的问题进行了展望。

二、研究思路

本书遵循"提出问题—分析问题—解决问题"的思路开展，具体如图 1.1 所示。

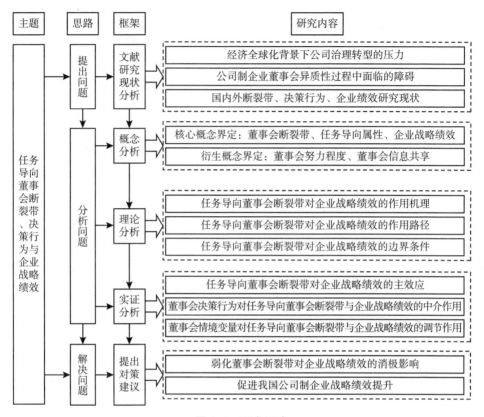

图 1.1　研究思路

三、研究方法

本书采用以下研究方法展开研究：

（一）文献研究法

文献研究法，也称为资料研究或文献调查法，是指通过对文献进行搜集、鉴别、整理和分析，形成对事实科学认识的一种方法，同时是教育和科研工作者必须掌握的研究方法。该方法有助于我们从浩如烟海的文献中选取适用于本书的资料，并通过对这些资料进行系统的梳理、归纳和分析来提出问题。所以，文献研究法不仅包括对研究资料的收集，而且更侧重于对研究资料的归纳和分析。作为一种传统而又富有生命力的研究方法，文献研究法在科学研究中得到了广泛的应用。

由于对现状的研究不可能全部通过观察与调查实现，还需要对相关领域的文献进行深入的分析与解读，所以本书把文献研究法作为首要研究方法。本书对社会认同理论、委托代理理论、资源基础观、高阶梯队理论等领域的文献进行了检索、理解和分析，对与"董事会群体断裂带—董事会决策行为—企业战略绩效"这一研究主题相关的国内外研究成果进行了梳理、归纳和比较，以便准确把握研究现状和未来发展动向，为后续的研究框架构建与模型设定做好充足的准备。以国内外权威文献作为基本支撑，本书界定了任务导向属性、董事会群体断裂带、企业战略绩效三个核心概念，以及董事会努力程度和信息共享两个衍生概念，并以国内外顶级期刊文献的研究成果和观点作为本书研究假设提出的部分依据。

（二）理论演绎法

理论演绎法是在明确研究问题的基础上，分析研究所涉及理论之间的相关性，以此界定核心概念之间因果关系的方法。作为一种探索性研究方法，理论演绎法有助于系统科学地构建核心概念之间的模型架构（方刚，2009）。穆勒（2000）指出，经济学作为一门"抽象"的科学，必须使用先验的方法（即理论演绎法）展开研究。自然科学和社会科学研究的相似之处，在于二者都试图回答如何从经历到的过去、特殊和局部，推理到没有经历过的一般、特殊和整体；[①] 都遵循"对偶然、个别和特殊现象进行观察→对观察结果进行抽象总结→提出关于必然、一般和普遍现象的理论假说→对假说进行检验"的逻辑步骤。

本书的研究也是如此，在运用经验归纳法进行检验之前，首先基于理论推导和抽象演绎，准确设定研究变量之间的概念模型是非常重要的。因此，本书在对我国上市公司董事会构成现状进行观察的基础上，基于对战略管理、公司治理、心理学领域主流学说的分析与演绎，设定了"任务导向董事会断裂带—董事会决策行为—企业战略绩效"关系的中介作用模型，"任务

---

① 李子奈，齐书良. 关于计量经济学模型方法的思考 [J]. 中国社会科学，2010（2）：69 - 86.

导向董事会断裂带—董事长职能背景和董事会持股比例—企业战略绩效"关系的调节作用模型,以及董事长职能背景与董事会决策行为对任务导向董事会断裂带与企业战略绩效关系的联合作用模型,并提出相关假设,为基于中国上市公司样本进行实证检验奠定了坚实的理论基础。

(三) 多元回归分析法

多元回归分析又称多元分析,是一种从数理统计学中发展起来的综合分析方法,由于能够从多个相互关联的对象和指标中分析其统计规律,该方法很适合管理科学研究的特点。演绎与归纳的结合,即模型设定阶段的演绎与模型检验阶段的归纳相结合,构成了完整的、辩证的计量经济学模型的认识论。[①]

探索任务导向董事会断裂带对企业战略绩效的影响机制,是本书的主要研究内容,为了探索这一问题的一般性规律和结论,本书在基于理论演绎所构建的研究模型的基础上,遵循"获取样本观测数据→估计模型→检验模型→应用模型"的思路,以我国沪深 300 成分股上市公司 2010 ~ 2012 年的数据为研究样本、SPSS19.0 统计软件为工具,运用层级回归技术,分别对任务导向董事会断裂带对企业战略绩效影响的主效应、中介效应、调节效应及有中介的调节效应进行验证,在此基础上从"特殊"的样本中推理出关于"总体"的一般结论。

(四) 路径分析法

路径分析法,也称通径分析法,是由美国遗传学家赖特于 1921 年提出的一种数学建模方法。该方法自赖特开创性地提出以来,迅速发展成为经济、社会领域的主要研究方法之一,并且被广泛应用于分析复杂变量之间的因果关系。经济现象的发生大都遵循一定的时间先后顺序,在路径分析过程中,通常把先发生的经济现象作为解释变量,后发生的经济现象作为被解释变量,变量之间的因果关系可以通过绘制路径图来反映。通过路径图中的箭头指向和符号,研究者能够直观地把握相关变量之间的影响路径和影响方向。

由于本书同时考察任务导向董事会断裂带、董事会努力程度和信息共

---

① 计量经济学的模型方法 (http://blog.sina.com)。

享、董事长职能背景和董事会持股比例、企业战略绩效多个变量之间的关系，因此在构建递归模型进行多元回归分析的基础上，本书以 Amos17.0 统计软件为工具，运用路径分析法对基于层级回归技术所取得的研究结果进行了稳健性检验，进一步增强了研究结论的可靠性和有效性。

研究内容与研究方法之间的关系如图 1.2 所示。

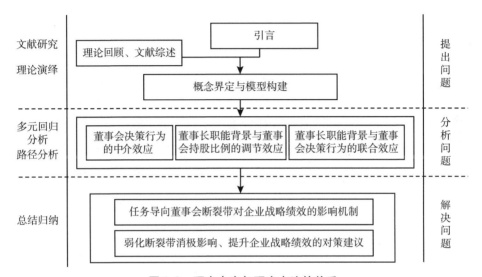

图 1.2 研究内容与研究方法的关系

资料来源：笔者整理。

▍第二章

理论回顾与文献综述

　　根据本书的研究目的，本章将对与本书主题相关的理论与文献进行梳理、回顾与分析。第一节对群体断裂带研究的相关理论进行回顾，第二节对董事会治理的相关理论进行介绍，第三节对战略管理相关理论进行阐述，第四节对董事会群体断裂带与企业绩效的相关研究文献进行梳理和回顾。本章整理的文献将作为后面章节研究假设提出和实证研究的依据。

第一节　群体断裂带相关理论

　　在群体断裂带研究领域，学者们使用了来自多学科的理论来解释群体断裂带的形成及其对群体过程和群体效能的影响。比较有代表性的理论主要有社会认同理论、信息决策理论和分类精细加工模型。[①] 其中，社会认同理论的影响最为广泛，成为后续群体断裂带研究的理论基石。所以，本节主要对社会认同理论进行阐述，对信息决策理论和分类精细加工模型只做简单介绍。

---

　　① Thatcher S. M. B, Patel P. C. Group Faultlines: A Review, Integration and Guide to Future Research [J]. Journal of Management, 2012, 38（4）: 969 - 1009.

一、社会认同理论

社会认同理论（Social Identity Theory，SIT）最早由泰费尔和特纳（Tajfel，1979；Turner，1986）等学者提出，该理论对理解群体形成过程以及群体对个体认知和行为的影响是非常有用的。

（一）社会认同理论的内涵

根据泰弗尔（1979）的基本观点①②，社会认同是指个体成员认识到他属于某一特定的社会群体，同时也能够认识到作为该群体成员能够为其带来的情感和价值意义。特纳和泰弗尔（1986）进一步分析并说明了个体认同与社会认同之间的区别，作者把关于对个人具体特点的描述划为个体认同的范畴，把关于同一社会类别全体成员特点的说明和描述划为社会认同的范畴；认为个体认同是成员个人所特有的自我参照，社会认同是属于同一社会类别全体成员的共同参照。

社会认同最初来源于人们对属于某一特定群体的成员身份的认同。③ 作为社会人，人们总是争取积极的社会认同，而这种积极的社会认同是通过个体成员对"群体内"和"群体外"成员的比较中获得的。如果没有获得满意的社会认同，个体可能会离开他们所属的群体或者想办法来实现积极区分。所以，泰弗尔（1979）认为，个体对积极社会认同的追求是导致群体冲突和群体歧视的根源所在；作者进一步指出，个体对其属于某一特定社会群体的意识，会影响他随后的态度、知觉和行为。④

---

① Tajfel H. Individuals, Groups in Social Psychology [J]. British Journal of Social and Clinical Psychology, 1979, 18 (2): 183 - 190.

② Tajfel H, Turner J. C. The Social Identity Theory of Intergroup Behavior [J]. Psychology of Intergroup Relations, 1986 (81): 7 - 24.

③ 张莹瑞，佐斌. 社会认同理论及其发展 [J]. 心理科学进展，2006，14 (3): 475 - 480.

④ Tajfel H. Individuals, Groups In Social Psychology [J]. British Journal of Social and Clinical Psychology, 1979, 18 (2): 183 - 190.

(二) 社会认同理论的基本观点

泰弗尔和特纳（1986）、特纳等（1987）以及特里和卡伦（Terry and Callan, 1998）认为，有两个过程对于理解社会认同至关重要，即自我分类和自我提升。自我分类过程是形成群体的基础，泰弗尔和特纳（1979）把社会分类定义为认为自己属于相同社会类别个体的集合。处于同一类别中的个体共享相同的情感，并以相同的方式来定义自我，对所处群体和群体成员表现出高度的认同[①]。建立社会认同的第二个关键过程是自我提升（Self-enhancement）。自我提升来源于个体对"群体内"和"群体外"成员的有利比较，个体赋予他们所属子群体积极评价，这可能会导致对外群体成员产生消极评价（Terry and Callan, 1998）。

社会认同理论认为，当个体成员感觉到社会认同受到威胁时，会采用各种策略来提高自尊。[②] 个体成员过分热衷于自己所属的子群体，认为自己所属的群体比其他群体更优越，并在寻求积极的社会认同中体会群体间差异，这一过程容易引起刻板印象和群体偏见，进而导致不良的群际关系（Terry and Callan, 1998）。例如，个体认同某一特定的群体，意味着他更容易受到其所属群体成员的影响，而较不容易受到外群体成员的影响。此外，内群体成员可能会对外群体成员形成消极刻板的印象，并把外群体在心理上置于从属地位（Ashforth and Mael, 1989；Hotho, 2008）。泰弗尔和特纳（1986）指出，即使是仅仅感受到属于两个不同的子群体，也会激发个体成员对内群体成员的支持和外群体成员的歧视。

一般而言，群体成员具有多重的身份特征，每个人都有获取群体认同的内在需求，所以在某些特定情境下可能会使某一种身份特征更加突出（Pratt and Rafaeli, 2004），所以社会认同是动态的而非静态的。

---

① Tajfel H, Turner J. C. The Social Identity Theory of Intergroup Behavior ［J］. Psychology of Intergroup Relations, 1986 (81): 7 – 24.

② Hekman D. R, Bigley G. A, STEENSMA HK et al. Combined Effects of Organizational and Professional Identification on the Reciprocity Dynamic for Professional Employees ［J］. Academy of Management Journal, 2009, 52 (3): 506 – 526.

(三) 社会认同理论的发展

如前所述,自我分类和自我提升解释了个体基于突出的属性特征把自己和他人划分为不同社会类别的原因,而相似吸引范式解释了为什么个体会和与其具有相似特征的成员结盟并导致子群体的形成。

根据自我分类理论,人们会根据其相似性或差异性将群体划分为若干相对同质的子群体,同一子群体内成员相互信任和支持,不同子群体之间相互排斥。[①] 而相似吸引范式认为,当群体成员之间彼此相似时,个体会对其他成员以及所属群体产生更积极的情感。[②] 社会认同理论假定个体具有很强的自我审视与评价意识,出于维护自身高自尊的需要而进行社会比较,积极地区分各个社会类别之间的差异,并在此基础上对自己的身份进行识别,将自己归属为某个心理子群体。一旦社会类化过程发生,由于相似吸引的存在,个体将会对自己所属的群体表现出更强的认同感,[③] 并尽可能地找出群体内与群体外差异,赋予自己所属群体正面评价,同时将负面评价强加于其他群体,从而导致不同子群体间刻板印象和歧视日益加深、冲突加剧。群体成员的人口统计特征提供了一个决定相似性、认同和社会分类的工具 (Harrison et al. , 1998),并且个体成员人口统计特征越相似,子群体内偏爱程度越深,子群体之间的界线越明显。

群体断裂带是劳和默宁翰 (1998) 基于社会认同视角提出的一个组织行为学概念,该概念描述了群体中联盟的形成过程。当时,学者们和实践领域的从业者对团队多样性能够带来的好处非常感兴趣。尽管传统观点认为团队多样性能够带来创造力的增加并提高群体绩效,然而实证研究表明和多样性团队相比,非多样性团队表现出的群体绩效往往更高。在这种背景下,劳和默宁翰 (1998) 在对团队多样性进行反思时,提出了群体断裂带的概念,

---

① 张燕,章振. 性别多样性对团队绩效和创造力影响的研究 [J]. 科研管理,2012,33 (3): 81 - 88.

② Williams K. Y, O'reilly C. A. Demography and Diversity in Organizations: A Review of 40 Years of Research [J]. Research in Organizational Behavior. 1998, 20 (20): 77 - 140.

③ Hogg M. A, Terry D. I. Social Identity and Self - Categorization Processes in Organizational Contexts [J]. Academy of Management Review, 2000, 25 (1): 121 - 140.

以解决理论和实践之间存在的矛盾。根据社会认同理论的基本观点，组织中存在群体断裂带是非理想的状态，[①] 断裂带被激活后，会对群体行为和效能带来消极的影响。就我国公司治理实践而言，在行政型治理向经济型治理转型的过程中，独立董事制度的引入是完善董事会制度建设、提高董事会有效性的一个重要举措。然而，随着独立董事的加入，董事会成员由于法定来源不同、承担职责不同，断裂带内生性的存在于董事会中，从而可能会对董事会内部的社会动态性产生破坏作用。所以，与李和汉布里克（Li and Hambrick，2005）、巴克玛赫和什维科沃（Barkema and Shvyrkov，2007）、塔格尔等（2010）、米尼基利等（2010）、卡奇马雷克等（2012）、利姆等（Lim et al.，2013）学者相同，本书把社会认同理论作为后续理论与实证研究的重要基础。

二、信息决策理论

信息决策理论（Information Decision Making Theory，IDMT）的观点其实比较简单，它认为决策过程中由于群体断裂带存在所导致的多元化的视角甚至是意见分歧都可能是有价值的资源。[②] 这些资源增加了群体成员的思维弹性，促进了群体决策过程中的知识共享，使得群体成员能够从多角度思考问题，防止了群体盲思现象的发生，能够对各项方案进行更全面的评估，有利于做出高质量的决策。[③] 此外，在大多数情况下，如果没有其他群体成员的支持，个体可能会隐藏自己的观点，[④] 由人口统计特征相似的成员组成的子群体的存在，为个体表达自己的观点提供了自然支持，有利于激发建设性辩论。

---

① Tajfel H, Turner J. C. The Social Identity Theory of Intergroup Behavior [J]. Psychology of Intergroup Relations, 1986 (81): 7 – 24.

② Saunders C, Gebelt M, HU Q. Achieving Success in Information Systems Outsourcing [J]. California Management Review, 1997, 39 (2): 63 – 79.

③ Gary M. S, Wood R. E, Pillinger T. Enhancing Mental Models, Analogical Transfer, and Performance in Strategic Decision Making [J]. Strategic Management Journal, 2012, 33 (11): 1229 – 1246.

④ Crott H. W, Werner J. The Norm – Information – Distance Model: A Stochastic Approach to Preference Change in Group Interaction [J]. Journal of Experimental Social Psychology, 1994, 30 (1): 68 – 95.

基于社会认同—自我分类—相似吸引过程和信息决策这两类过程，群体可能表现出两种相反的行为过程。然而，这两个过程并不是相互对立的，在同一个多样性群体当中有可能同时出现这两类过程。为了解决这两类模型解释效力不足和研究结果不一致的问题，范·克尼彭贝格和霍曼（Van Knippenberg and Homan，2004）提出了分类精细加工模型。

三、分类精细加工模型

分类精细加工模型由范·克尼彭贝格和霍曼两位学者提出，该模型侧重于对社会分类视角和信息决策视角进行再定义并加以理论整合，进一步解释了群体断裂带的作用机制。该理论认为分类的显著性对理解群体断裂带至关重要，比较匹配（Comparative Fit）、规范匹配（Normative Fit）和认知可接近（Cognitive Accessibility）解释了子群体分类的显著性程度。[1]。比较匹配是指子群体的分类能够反映高的子群体内相似性和高的子群体间差异性的程度；规范匹配是指子群体间的分类能够被个体成员认可的程度；[2] 认知可接近是指子群体的分类能够被个体成员容易地检索（Retrieved）并激活的程度[3]。

根据分类精细加工模型中的比较匹配原则，处于强群体断裂带中的个体能够感知到自己所属子群体内部成员间具有高的相似性，而与其他子群体之间具有高的差异性；而不同子群体间差异导致的群体断裂带能够对群体过程和结果产生影响（Homan et al.，2008；Homan et al.，2007；Knippenberg et al.，2011）。因此分类精细加工模型聚焦于从子群体内和子群体间的双重视角来解释群体断裂带。

---

① Van Knippenberg D，D. E Dreu C. K. W，Homan A. C. Work Group Diversity and Group Performance: An Integrative Model and Research Agenda ［J］. Journal of applied psychology，2004，89（6）：1008.

② Homan A. C，Van Knippenberg D，Van Kleef G. A，et al. Bridging Faultlines by Valuing Diversity: Diversity Beliefs，Information Elaboration，and Performance in Diverse Work Groups ［J］. Journal of Applied Psychology，2007，92（5）：1189.

③ Van Knippenberg D，Kooij – De Bode H. J. M，Van Ginkel W. P. The Interactive Effects of Mood and Trait Negative Affect In Group Decision Making ［J］. Organization Science，2010，21（3）：731 –744.

第二节　董事会治理相关理论

自从 1932 年美国学者 Berle 和 Means 开创性地提出两权分离产生的问题以来，学者们基于不同的理论视角对董事会治理问题进行了研究，取得了丰硕的研究成果。其中，委托代理理论、资源依赖理论和管家理论是最具代表性的理论，这三个理论构成了学者们进行公司治理研究的理论基石。

一、委托代理理论

委托代理理论（Principal Agent Theory）是过去 40 多年里契约理论最重要的一种发展形式，通常被学界视为研究董事会与公司绩效关系的理论根源（Jensen and Meckling，1976；Sanders and Hambrick，2007）。委托代理理论根植于经济学与金融学，其中心假设是所有权和控制权的分离导致委托人与代理人之间的利益冲突。

委托代理理论关心委托代理关系中可能产生的两类问题[①]：第一类问题是由于委托人与代理人之间存在愿望或目标冲突，对于委托人而言，要证实代理人实际做了什么非常困难或成本高昂，所以委托人难以证实代理人的行为是否恰当。第二类问题是由于委托人和代理人对待风险态度不同产生的代理问题，由于存在不同的风险偏好，委托人和代理人可能会采取不同的行为。[②] 委托代理理论假设人是自利、有限理性和风险规避的，组织成员间存在目标冲突，信息可以作为一种商品来购买，因此在以上前提条件下，该理论的重点在于制定解决委托代理关系的最有效的契约。具体而言，是行为导向的契约（如薪酬、层级治理）更有效还是结果导向的契约更有效（如股票期权、市场治理）。

---

① Eisenhardt K. M. Agency Theory: An Assessment and Review [J]. Academy of Management Review, 1989, 14 (1): 57 – 74.

② Jensen M. C, Meckling W. H. Theory of the Firm: Managerial Behavior, Agency Costs and Ownership Structure [J]. Journal of Financial Economics, 1976, 3 (4): 305 – 360.

关于委托代理理论的小结如表 2.1 所示。

表 2.1 委托代理理论小结

维度	内容
核心思想	委托代理关系应该能够反映有效的组织信息和风险承担成本
分析单元	委托人和代理人之间的契约
人性假设	自利、有限理性和风险规避的
组织假设	参与人之间存在目标冲突、效率作为有效性的标准、委托人和代理人之间存在信息不对称
信息假设	信息是一种可以购买的商品
契约问题	代理问题（道德风险和逆向选择）和风险承担
关注领域	委托人和代理人之间具有不同的目标和风险偏好

资料来源：Eisenhardt K. M. Agency Theory：An Assessment and Rreview ［J］. Academy of Management Review, 1989, 14（1）：57-74.

委托代理理论根源于信息经济学，主要沿着实证主义学派（Positive）和委托—代理（Principal - Agent）学派两个路径展开。其中实证主义学派主要聚焦于考察大型公众公司所有者和经理人之间产生的委托代理问题，非常关心建立有效解决委托代理关系的治理机制。由于该理论认为行为人是理性的经济人（自利、机会主义），其行为完全由个人根据效用最大化的原则而定。[①] 因此所有者与管理层之间存在目标冲突，且风险偏好不同，彼此不信任，所以实证学派在本质上把董事会看作是公司控制权的最终机制。董事会的主要职责是代表股东监督管理者层，通过投入有效的监督活动来获取有关经理层活动的信息，降低代理成本[②]。具体包括监督管理层的行为（Boyd，1995；Daliy，1996）、监督公司战略的执行（Fama and Jensen, 1983；Hillman and Dalziel, 2003）、确定 CEO 继任计划（Pitcher, Chreim and Kisfalvi, 2000）、评价 CEO 及公司业绩、决定高管薪酬等（Conyon and Peck, 1998；

① 陈仕华，李维安. 公司治理的社会嵌入性：理论框架及嵌入机制 ［J］. 中国工业经济, 2011（6）：99-108.
② Jensen M. C, Meckling W. H. Theory of the Firm：Managerial Behavior, Agency Costs and Ownership Structure ［J］. Journal of Financial Economics, 1976, 3（4）：305-360.

Reuer and Shen，2003）。通过有效的监督活动，董事会成员可以观察和控制管理者的自利行为，使其不至于偏离所有者的利益，从而至少部分地解决代理问题。

二、资源依赖理论

尽管委托代理理论是学者们进行董事会研究时采用的主流理论，但资源依赖理论在该领域亦有非常重要的影响①。资源依赖理论（Resource Dependence Theory，RDT）由普费弗和萨兰西克（Pfeffer and Salancik，1978）于1978年在《组织的外部控制：资源依赖视角》一书中首先提出，该理论自产生以来已经成为组织和战略管理领域最有影响的理论之一。正如普费弗和萨兰西克（1978）所言，要理解组织的行为，必须理解该行为赖以产生的情境，即组织的生态环境。②

资源依赖理论把组织看作为一个开放的系统，承认外部要素对组织行为的影响，认为组织会受所处环境的制约，但管理人员可以采取一些行动来降低组织对外部环境的依赖，以减少不确定性。③ 这些行动的核心为权力：即控制关键资源的能力。董事会作为边界扫描者，是获取外部资源的重要途径，并通过建立和外部环境之间的联系，降低了公司对外部环境的依赖。

普费弗和萨兰西克（1978）指出，董事会能够为公司带来四种益处：（1）通过建议和咨询的方式为公司提供信息；（2）接近公司与外部环境之间的信息渠道；（3）优先获得资源；（4）合法性。④ 大量研究为普费弗和萨兰西克的论断提供了经验支持。如普罗文（Provan，1980）研究发现，能够从社区中吸引有权力的成员到其董事会任职的公司，有利于从环境中获取关

---

① Hillman A. J, Withers M. C, Collins BJ. Resource Dependence Theory：A Review ［J］. Journal of Management，2009，35（6）：1404－1427.

② Pfeffer J, Salancik G. R. The External Control of Organizations ［J］. A Resource Dependence，1978.

③ Ulrich D, Barney J. B. Perspectives in Organizations：Resource Dependence, Efficiency and Population ［J］. Academy of Management Review，1984，9（3）：471－481.

④ Pfeffer J, Salancik G. R. THe External Control of Organizations ［J］. A Resource Dependence，1978.

键资源。更具体地说，普费弗和萨兰西克（1978）发现处于管制行业中的公司需要更多的外部董事，尤其是那些有相关经验的董事。这一点在罗马和古德斯坦（Luoma and Goodstein, 1999）的研究中得以证实，作者研究表明，处于高度管制行业中的公司具有更高比例的股东董事。同样，米兹腊希和斯特恩斯（Mizruchi and Stearns, 1994）研究发现，当公司有融资需求时，董事会中来自金融机构的成员代表会更多。科尔和米尚吉（Kor and Misangyi, 2008）的研究为董事会建议咨询角色提供了实证支持，作者研究发现，高管团队规模与董事会集体的行业经验水平之间呈显著的负相关关系，这表明董事会可以通过为高管团队成员提供至关重要的建议咨询来补充高管人员的不足。

希尔曼、坎内拉和佩茨沃德（Hillman, Cannella and Paetzold, 2000）基于资源依赖理论进一步把董事会成员分为商务专家、支持专家和社区影响者三类，并研究当环境发生变化时哪种类型的董事对公司更有价值。[1][2] 基于希尔曼等对董事会成员的分类，克罗尔、沃特斯和列（Kroll, Walters and Le, 2007）研究发现，IPO 公司可以从某种特定类型的董事会成员中获益。约恩、马克立和戈麦斯－梅希亚（Jone, Makri and Gomez－Mejia, 2008）观察到，追求多元化战略的家族企业亦可以从某种特定类型的董事会成员中获益。

希尔曼和达尔希尔（Hillman and Dalziel, 2003）认为，董事会履行两种职能：即基于委托代理理论的监督职能和基于资源依赖理论的资源提供职能。作者进一步指出，董事会资本（包括人力资本和社会资本）和激励水平会影响监督和资源提供职能的有效性[3]。海恩斯和希尔曼（Haynes and Hillman, 2010）基于资源依赖理论进一步发展了董事会资本的构念，认为董事会资本由宽度和深度组成，董事会资本的宽度指董事会人力和社会资本异质性的程度，董事会资本的深度指董事的人力资本和社会资本在行业内嵌入的

---

① Hillman A. J, Cannella A. A, Paetzold R. L. The Resource Dependence Role of Corporate Directors: Strategic Adaptation of Board Composition in Response to Environmental Change [J]. Journal of Management Studies, 2000, 37 (2): 235 - 256.

② Hillman A. J, Withers M. C, Collins B. J. Resource Dependence Theory: A Review [J]. Journal of Management, 2009, 35 (6): 1404 - 1427.

③ Hillman A. J, Dalziel T. Boards of Directors and Firm Performance: Integrating Agency and Resource Dependence Perspectives [J]. Academy of Management Review, 2003, 28 (3): 383 - 396.

程度，如在行业中的活跃度（连锁董事、行业中的职位等）及影响力的大小①。董事通过利用其人力资本和社会资本履行其资源提供角色。

希尔曼等对董事会资本的拓展表明，不同类型的董事可以提供有益于公司的不同资源。因此，多样性程度更高的董事会能够为公司提供更多有价值的资源，有利于提高董事会的监督和战略参与有效性，进而提升公司价值。

三、管家理论

如前所述，委托代理理论的学者主张通过加强董事会对管理层的监督来降低代理成本，提高企业价值，但忽视了对管理者能力的考虑；而且根植于经济学的委托代理理论不能解释管理者的非机会主义行为。资源依赖理论的学者虽然深入考察董事会如何利用其战略决策资本为企业价值创造提供资源，但没有考虑董事会成员内在的动机对董事会效能和企业价值的影响。根据期望理论，激励力的大小取决于效价和期望值的乘积，而能力和动机都有可能影响管理者的行为。20 世纪 90 年代以来，管家理论迅速发展②。

管家理论（Stewardship Theory）根源于社会学和心理学，认为行为人不是简单的经济人，公司的管理者在本质上追求自我价值的实现，具有集体主义、利他（Altruism）、忠实可信等特征（Donaldson，1994）；管理者受实现高层次需要的内在动机激发，会以实现组织所有者的目标为己任，像尽职尽责的管家一样为所有者打理财产，并使之保值、增值；③ 他们立志于追求组织的成功，甚至不惜牺牲个人利益④。由于管家理论的假设前提是管理者是兢兢业业、尽职尽责的管家，在任何情况下，作为管家的管理者都会把优先实现组织的目标放在首位，二者之间不存在利益目标冲突。所以，管家理论

---

① Haynes K. T, Hillman A. The Effect of Board Capital and CEO Power on Strategic Change [J]. Strategic Management Journal, 2010, 31 (11): 1145 – 1163.

② 周建，李小青，金媛媛，尹翠芳. 基于多理论视角的董事会——CEO 关系与公司绩效研究述评 [J]. 外国经济与管理，2011，34 (7): 49 – 57.

③ Davis J. H, Schoorman F. D, Donaldson L. Toward a Stewardship Theory of Management [J]. Academy of Management Review, 1997, 22 (1): 20 – 47.

④ Davis J, Schoorman R, Mayer R, et al. The Trusted General Manager and Business Unit Performance [J]. Strategic Management Journal, 2000 (21): 563 – 576.

认为，管理者是值得依赖的，不存在对经理人员的监督问题；委托人利益得以实现的关键在于治理结构和机制是否能够给予经理层适当的权限，而非监督和控制的防弊措施是否周全，管家必须被授权、被信任，才有能力和意愿实现组织利益最大化。[①] 所以在管家理论中，董事会对管理层的监督和控制被授权和自治所取代，董事会的主要职责是为管理者提供服务、建议和咨询，支持管理者的战略决策。

此外，根据管家理论的基本思想，内部人控制的董事会有利于促进知识共享、及时获得有关公司运营的信息、增强对公司的承诺。所以，管家理论认为，公司控制权在所有者和职业经理人之间的重新配置，有利于现代公司应对复杂的经营环境。公司治理的关键在于如何确保其治理结构有利于充分发挥管理层的才能，取得预期的公司业绩。[②]

不同理论背景下董事会治理的内涵如表2.2所示。

表 2.2　　　　　　　　　不同理论视角下董事会治理的内涵

理论视角	委托代理理论	资源依赖理论	管家理论
理论渊源	经济学、金融学	组织理论学、社会学	社会学、心理学
董事会职能	监督控制	资源提供	战略协作
董事会结构	引进外部董事，董事长与 CEO 二职不兼任	引进外部董事，强调董事多元化	引进内部董事，董事长与 CEO 二职兼任
董事会决策行为	监督并约束管理的自利行为	凭借董事会资本进行战略参与	为管理层进行服务，提供建议咨询
关注的变量	董事会规模、构成、薪酬、会议次数等	董事会规模、多元化程度、外部董事比例等	CEO 权利、教育背景、任期、领导力等
公司绩效标准	营利性	营利性、成长性	营利性

资料来源：周建，等. 基于多理论视角的董事会——CEO 关系与公司绩效研究述评 [J]. 外国经济与管理，2011，34（7）：49 – 57.

———————

① 陈仕华，李维安. 公司治理的社会嵌入性：理论框架及嵌入机制 [J]. 中国工业经济，2011（6）：99 – 108.

② 苏启林. 基于代理理论与管家理论视角的家族企业经理人行为选择 [J]. 外国经济与管理，2007，29（2）：51 – 56.

不同的公司治理理论决定了董事会在价值创造中发挥作用的程度。以上三种理论基于不同的视角，或者支持董事会通过参与公司战略决策或资源提供在价值创造中发挥作用，或者认为董事会与价值创造的关系不大。在世界各国的公司治理实践中，不同类型的董事会对价值创造发挥的作用亦不相同。全美董事会联合会（NACD）把董事会分为四种类型：（1）仅仅为了满足法律程序要求而存在的底线董事会；（2）仅具有象征意义的形式董事会，是典型的"橡皮图章"；（3）监督董事会：检查公司计划制订、监督公司战略执行、评价经理人员业绩；（4）决策董事会：参与公司战略制定、监督公司战略执行并对经理人员的行为进行干预。

第三节　战略管理相关理论

一、高阶梯队理论

高阶梯队理论（Upper Echelons Theory，UET）是战略管理、组织行为和公司治理领域最有影响的理论之一。该理论以人的有限理性为前提和基础，通过把高层管理人员的人口统计特征、战略选择和组织绩效纳入高阶梯队理论的研究框架中，强调了个体可观察的人口统计特征对其认知模式的影响。[1]高阶梯队理论认为，组织的战略选择[2]不仅会受社会经济技术的影响，而且还会受到不完全理性的高层管理人员认知模式的影响。在高阶梯队理论框架下，组织活动的结果（包括战略选择和有效性）被视为组织中强势成员价值观和认知基础的反映，组织后果可以通过对高层管理人员可观察的人口统计特征来预测。

---

[1]　Hambrick D. C，Mason P. A. Upper Echelons：the Organization as a Reflection of Its Top Managers [J]. Academy of Management Review，1984，9（2）：193 - 206.

[2]　汉布里和梅森（1984）认为，战略选择是一个极具综合性的术语，包括正式和非正式的选择、决策结果或决策过程、重大的行政选择（如薪酬结构和薪酬体系的选择）以及与"战略"这一术语直接相关的选择竞争领域和范围。

　　具体而言，汉布里和梅森（Hambrick and Mason，1984）指出，公司的战略选择很大程度上反映了决策者的特质，每个决策者都会把其偏好带到管理情境中，这些偏好是决策者认知基础的反映。高层管理者面对的决策情境非常复杂，甚至超过了其能够理解的范畴，决策制定者基于其认知基础和价值观在决策情境和最终认知之间形成了一个屏障。从图2.1中可以看出，管理者对组织环境的认知是个渐进的过程：首先，管理者（甚至整个高层管理团队）由于受有限理性的影响，难以全面、彻底地对组织及所处环境的各个方面进行审视，导致管理者的视野受限，从而对其最终的认知产生了极大的限制；其次，受选择性认知的影响，管理者对处于其视野范围之内的现象只进行选择性观察，进一步影响了管理者的认知能力；最后，管理者对相关信息的解释，是基于其认知基础和价值观过滤之后形成的，管理者对组织环境的最终认知结合其价值观，构成了组织战略选择的基础。

　　高层管理者有限理性下的战略选择过程如图2.1所示。

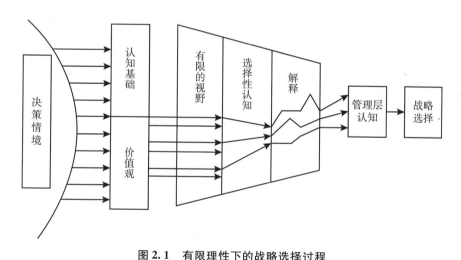

图2.1　有限理性下的战略选择过程

资料来源：Hambrick D. C, Mason P. A. Upper Echelons: The Organization as a Reflection of its Top Managers [J]. Academy of Management Review, 1984, 9（2）: 193-206.

　　继汉布里克和梅森（1984）的开创性研究之后，出现了大量基于"高阶梯队理论"的研究，并可以总结为两类，即研究个体认知要素和群体认知要素与企业战略的关系。前者主要研究团队人口统计特征变量均值对于企业战略选择的影响；后者主要关注团队异质性和团队规模对企业战略选择的影响。①

董事会作为公司治理机制的核心和战略决策的中枢，需要以价值创造为己任，凭借独有的商业价值判断能力，确定公司的愿景和使命，把握公司的发展方向，代表出资人对发展战略进行全面规划，系统性地审视和评判发展战略和公司绩效增长之间的关系，灵敏地捕捉有利于企业发展的商业机会，善于从战略管理角度不断提升企业价值创造能力，促进企业竞争优势的获取和延续。而由于董事会成员的认知基础、价值观等深层的认知特征难以度量，所以国内外学者（Cate，2003；Erhardt，2003；Rose，2007；Miller and Triana，2009；Anderson et al.，2011；Mahadeo et al.，2012；李小青，2012；周建等，2012；等）大都基于高阶梯队理论的基本假设，考察董事会成员人口统计特征与企业战略选择或价值创造之间的关系。尽管研究结论并不统一，但学者们一致认为，和种族、年龄、性别等社会分类特征相比，董事会成员的认知特征（诸如职能背景、教育背景、组织任期等）对董事会效能与企业价值能够产生更大的影响。

因此，本书借鉴战略管理领域对高管团队和董事会研究的常规做法，把董事会成员的人口统计特征作为划分群体断裂带的基础。

二、资源基础观

作为一个探寻如何获取竞争优势的研究领域，战略管理学者们在最初关注竞争优势的行业决定因素以后，逐渐把研究重点转向了企业内部的竞争优势来源方面。由于资源基础观（Resource - Based Views，RBV）作为一种阐述企业竞争优势来源的理论，在解释企业内部条件（资源与能力）方面极富洞察力，因而迅速成为 20 世纪 90 年代以来战略管理的主流理论之一②。

RBV 从内部视角强调资源的价值，补充了资源的外部视角，其关注行业中的战略定位（Mahoney and Pandian，1992；Porter，1985）。资源既可以是

---

① Hambrick D. C. Upper Echelons Theory：An Update ［J］. Academy of Management Review，2007，32（2）：334 - 343.

② 周建，于伟，崔胜朝. 基于企业战略资源基础观的公司治理与企业竞争优势来源关系辨析 ［J］. 外国经济与管理，2009（7）：23 - 32.

实物资源（如工厂和位置），也可以是人力资源（如知识和经验）和组织资源（如计划和报告系统）。① RBV 认为，企业的竞争优势来源于资源的稀缺性以及对资源的有效利用，即把企业的资源与能力视为导致企业绩效差异的根本原因②。该理论蕴含两个基本假设：（1）资源稀缺性假设。该假设意味着战略性资源在企业间配置不均等，一些企业因为拥有能创造更多价值的资源从而获得了较多的租金。（2）资源难以复制假设。该假设意味着某些资源复制成本比较高、供给缺乏弹性，因而限制了其他企业通过购买来复制成功企业的能力。因此，资源的不可完全移动性成为企业构建竞争优势的必要条件。

巴尼（Barney, 2001）对该假设进行了拓展，进一步指出当公司的资源是稀缺的、有价值的，可以创造竞争优势；当公司的资源是难以复制的和难以替代的，可以实现可持续竞争优势③。简单地说，有价值、稀缺、难以模仿、不可替代的资源——VRIN 属性——成为构建企业可持续竞争优势的基本条件。

在对 RBV 属性较早的分析中，资源被视为静态的，也就是说不讨论资源的利用。然而，仅仅拥有资源而不使用资源，不会自动地创造竞争优势，因而反映企业利用资源方面的概念得以发展，这些概念包括动态能力和吸收能力。然而，使用资源的动态能力能否实现竞争优势仍然是有争议的。例如，动态能力的研究者指出："动态能力本身可以是竞争优势的来源，而非可持续的竞争优势的来源。"（Eisenhardt and Martin, 2000）动态能力提供给我们过程变量，如系统地识别和整合现有资源、创造新资源和释放没有竞争力的资源的惯例④。正如资源静态观宣称的，这些过程变量是可识别的、具体的，没有什么特殊性。然而，由于使用资源过程中的关键特征存在共性，

---

① Barney J. Firm Resources and Sustained Competitive Advantage [J]. Journal of Management, 1991, 17 (1): 99 – 120.

② 董保宝, 葛宝山, 王侃. 资源整合过程, 动态能力与竞争优势: 机理与路径 [J]. 管理世界, 2011 (3): 92 – 101.

③ Barney J. B. Resource – Based Theories of Competitive Advantage: A Ten – Year Retrospective on the Resource – Based View [J]. Journal of Management, 2001, 27 (6): 643 – 650.

④ Winter S. G. Understanding Dynamic Capabilities [J]. Strategic Management Journal, 2003, 24 (10): 991 – 995.

所以动态能力是可替代的①。因此，虽然动态能力可能在例行程序的细节上有所不同，但是它违反了一个 VRIN 属性中的不可替代性。其他研究者偏离了这种观点探讨吸收能力，认为能力在重新配置资源中是灵活的，公司及时配置资源的能力对降低成本是有效的（Zahra and George，2002）。灵活性和及时性这两种特性是不可替代的和难以模仿的，从而能够为企业带来竞争优势②。

总之，RBV 已经从为企业构建竞争优势获取静态资源演化到关注资源的动态利用（Newbert，2008），所以基于 RBV 的研究有益于本书从静态和动态两方面来考察任务导向董事会断裂带对企业战略绩效的影响。

第四节　群体断裂带与董事会治理研究综述

一、群体断裂带概念的形成、演化和测量

（一）群体断裂带概念的形成和演化

群体断裂带是基于群体成员一个或多个属性特征，把群体划分为若干子群体的假想分割线，由劳和默宁翰（1998）在对群体多样性研究进行回顾与反思时开创性提出。此后不久，学者们对群体断裂带的研究逐渐升温，战略管理和组织行为学领域的国际顶级学术期刊也频频刊发相关研究成果。

由于种族、年龄、性别等社会分类特征最容易被识别出来，因此早期的学者大都把群体成员的社会分类特征作为划分群体断裂带的依据。随着相关

---

① O'Shannassy T. Sustainable Competitive Advantage or Temporary Competitive Advantage：Improving Understanding of an Important Strategy Construct ［J］. Journal of Strategy and Management，2008，1（2）：168 – 180.

② Talaja A. Testing VRIN Framework：Resource Value and Rareness as Sources of Competitive Advantage and Above Average Performance ［J］. Management：Journal of Contemporary Management Issues，2012，17（2）：51 – 64.

研究的不断深入，学者们发现随着群体成员熟悉程度的增加，认知特征亦可能成为群体断裂带的来源①。并把基于表层的社会分类特征和深层的认知特征形成的断裂带区别开来，把前者界定为社会分类断裂带、后者界定为任务导向（或信息）断裂带（Bezrukova et al.，2009）。此外，也有少数学者考察了基于群体成员个性特征（Molleman，2005；Gratton et al.，2007）、思想意识（Rico et al.，2007）和成员类型（Minichilli et al.，2010；Lim、Busenitz and Chidambaram，2013）形成的断裂带对群体行为和效能的影响。

系统梳理已有文献不难发现，随着相关研究的不断深入，学者们已经开始把群体断裂带的概念从静态向动态拓展，即从静态地关注表层的社会分类特征逐步转向动态地关注更深层次的个体认知差异对群体行为和群体效能的影响。

关于群体断裂带的类型、特征和代表性文献如表 2.3 所示。

表 2.3　　　　　　　　　**群体断裂带类型和特征研究小结**

团队断裂带类型	来源（属性特征）	代表性文献
社会分类断裂带	性别、种族、年龄、国籍	劳和默宁翰（Lau and Murnighan，1998，2005）；撒切尔等（Thatcher et al.，2003）；肖（Shaw，2004）；李和汉布里克（Li and Hambrick，2005）；波尔策等（Polzer et al.，2006）；高卡卡尔（Gokakkar，2007）；格拉顿等（Gratton et al.，2007）；李维安等，2014
认知断裂带	职能背景、行业背景、教育背景、组织任期	巴克玛和什维科沃（Barkem and Shvyrkov，2007）；别兹鲁科夫和乌帕纳（Bezrukova and Uparna，2009）；塔格尔等（Tuggle et al.，2010）；卡奇马雷克等（Kaczmarek et al.，2012）；哈茨克鲁特和霍斯特科特（Hutzxchenreuter and Horstkotte，2013）；周建等，2014；李小青，2015
其他类型断裂带	信仰、个性特征、价值观、共享经验等	默勒曼（Molleman，2005）；格拉顿等（Gratton et al.，2007）；霍曼等（Homan et al.，2007）；里科等（Rico et al.，2007）米尼基利等（Minichilli et al.，2010）；陈悦明等，2012；利姆等（Lim，et al.，2013）；海德尔等（Heidl et al.，2014）；雷恩等（Ren et al.，2015）

资料来源：笔者整理。

①　Thatcher S. M. B, Patel P. C. Group Faultlines：A Review, Integration and Guide to Future Research［J］. Journal of Management，2012，38（4）：969-1009.

可以看出，目前国内已有研究大都为对国外群体断裂带的形成、演化和效应进行梳理与评价，针对中国情境下群体断裂带的研究非常缺乏。中国独特的关系文化和圈子文化，使得中国情境下形成群体断裂带的属性特征可能有别于西方发达国家，因此未来需要对中国情境下可能导致群体断裂带形成的特征进行深入考察。国内学者对团队断裂带的研究还处于起步阶段。王端旭和薛会娟（2009）、韩立峰等（2010）在整理国外已有研究的基础上，系统分析了团队断裂带的形成和演化。王海珍等（2009）综述了团队断裂带研究的理论基础、内涵及对团队行为的影响，指出了目前研究存在的问题。谢小云和张倩（2011）对国外团队断裂带的概念与演进、效能与作用以及现有研究的不足进行了评述。李小青和周建（2014）在界定了董事会群体断裂带的内涵并分析了其来源的基础上，构建了董事会群体断裂带对董事会决策行为影响的研究框架。范合君和杜博（2015）对国内外多样化团队断裂带研究进行了综述。

（二）群体断裂带的测量

自从劳和默宁翰（1998）提出群体断裂带的概念以来，学者们对工作群体中存在的断裂带问题进行了大量研究，已有研究主要集中于考察群体断裂带强度对群体行为和效能的影响。

群体断裂带强度指同一子群体内部成员属性特征的一致性程度，或者说群体被划分为若干相对同质子群体的清晰度。尽管形成群体断裂带的理论基础和群体多样性理论有诸多相似之处，但群体断裂带强度和群体多样性的测量方法却截然不同。群体多样性指标聚焦于考察群体层面单一属性特征的分布情况，群体断裂带强度则更关心群体成员一个或多重属性特征的排列方式。

劳和默宁翰（1998）虽然提出了群体断裂带的概念，但是并没有给出群体断裂带强度的计算方法，只是通过直观定性的分析指出，对群体断裂带强度的度量需要同时考虑子群体的划分方式和子群体内成员属性特征的一致性程度。并用描述性的语言指出，当群体中只存在一种划分子群体的方式，并且子群体成员所有的属性特征整齐排列时，断裂带强度非常强；当同时存在若干种划分子群体的方式，子群体成员部分属性特征排列整齐时，断裂带强度中等；当同时存在多种划分子群体的方式，但子群体成员属性特征彼此差异较大时，断裂带强度较弱，具体如表2.4所示。

表2.4 群体断裂带强度示例

群体	成员1	成员2	成员3	成员4	断裂带强度
1	白人 女性 52岁 职员	白人 女性 50岁 职员	黑人 男性 33岁 销售经理	黑人 男性 31岁 销售经理	非常强（4个一致，1种划分）
2	白人 女性 31岁 职员	白人 女性 55岁 销售经理	黑人 男性 50岁 销售经理	黑人 男性 33岁 职员	中等（2个一致，2种划分）
3	白人 女性 18岁 职员	亚洲人 女性 40岁 销售经理	白人 男性 59岁 销售经理	亚洲人 男性 30岁 职员	较弱（1个一致，4种划分）

资料来源：周建，李小青.董事会认知异质性对创新战略影响的实证研究［J］.管理科学，2012，25（6）：1－12.

从表2.4可以看出，基于群体成员的种族、性别、年龄和职业四个特征，群体1被划分为两个完全同质的子群体，其中1个子群体由两个50岁左右的女性白人职员组成，另一个子群体由两个30岁左右的男性黑人销售经理组成。由于在群体1中只存在1种非常明显的子群体划分方式，并且同一子群体内部成员属性特征排列得非常整齐（子群体成员在种族、性别、年龄和职业4个特征上都相同或非常接近），所以群体1的断裂带强度非常强。

在群体2中基于相同的种族和性别，成员1和成员2可能形成1个相对同质的子群体，成员3和成员4可能形成另外1个相对同质的子群体；基于相似的年龄和职位，成员1和成员4也可能形成1个相对同质的子群体，成员2和成员3则形成另外1个相对同质的子群体。由于在群体2中可能存在两种划分子群体的方式，同时任何一种划分方式所形成的子群体中都只有部分属性特征排列整齐，所以和群体1相比，群体2中潜在的断裂带强度处于中等水平。由于在群体 3 中同时存在多种子群体的划分方式，群体成员在各个属性特征上既有相似之处又存在较大的差异，没有什么潜在的分割线能够将群体"清晰的隔开"，所以群体 3 中潜在的断裂带强度较弱。

定性描述虽然可以在一定程度上描绘出群体内潜在的分裂趋势，但当被考察属性特征的数量显著增加时，仅仅通过观察得出可靠的结论变得非常不现实，这种缺陷在群体断裂带强度适中的情况下表现得尤为明显①。自从劳和默宁翰（1998）提出群体断裂带的概念以来，撒切尔等（2003）首次开发了定量的方法对群体断裂带强度进行测量，作者采用多变量聚类技术来考察群体成员跨越断裂带强度最大的划分方式进行聚合所产生的特征变异占整个群体特征变异程度的比例。该方法主要包括三个步骤：（1）列举出群体中所有可能的子群体划分方式；（2）分别计算每种子群体划分方式下的断裂带强度值；（3）选择断裂带强度最大的值作为群体断裂带强度的参数值。②另外，作者沿用了劳和默宁翰（1998）的二分模式，假设群体中只涉及两个子群体的划分方式，只考虑形成两个子群体的状态。

近 10 年来，学者们围绕群体断裂带进行的实证研究日趋丰富，但实证研究结论并不一致③。纵观已有研究，学者们或者自己开发测量指标或者沿用撒切尔（2003）的测量方法，不同研究所采用的测量指标差异很大。总体而言这些方法大致可以分为方差分解法（Gibson and Vermeulen，2003；Li and Hambrick，2005）、多变量聚类法（Barkema and Shvyrkov，2007；Bezrukova et al.，2009；Lawrence and Zyphur，2011）和交叉分类法（Sha，2004；Trezzini，2008；van Knippenberg et al.，2011）三类。尽管劳和默宁翰（1998）对群体断裂带强度进行了严格的理论推导，但是他们并没有对群体断裂带强度的计算方法进行说明。基于劳和默宁翰（1998）的理论推导，撒切尔等（2003）运用多变量聚类方法开发了同时适用于分类变量和连续变量的计

---

① 韩立丰，王重鸣，许智文. 群体异质性研究的理论述评——基于群体断裂带理论的反思[J]. 心理科学进展，2010，18（20）：374–384.

② Thatcher S. M. B, Jehn K. A, Zanutto E. Cracks in Diversity Research: The Effects of Diversity Faultlines on Conflict and Performance [J]. Group Decision and Negotiation，2003（12）：217–241.

③ Thatcher S. M. B, Patel P. C. Group Faultlines: A Review, Integration and Guide to Future Research [J]. Journal of Management，2012，38（4）：969–1009.

算指标对群体断裂带强度进行衡量；但是撒切尔等的方法将注意力集中在子群体间的比较上，仅仅捕捉到群体内部不同子群体间的差异，而忽视了同一子群体内部成员间的一致性。基于此，肖（Shaw，2004）和特里兹尼（Trezzini，2008）提出和多变量聚类方法相比，运用交叉分类方法能够对群体断裂带概念进行更好地测度，认为群体断裂带的测量应该同时考虑子群体内的聚合和子群体间的聚合两个方面，但由于子群体间的聚合不能通过统计量来表达，这就使得该部分缺乏统计理论支持，难以对结果的准确性负责[1]。

总之，以上各种测量方法各有千秋，适用于不同的测量目的和应用范围。研究者应该根据对群体断裂带的定义和研究目的选取不同的测量方法。

二、群体断裂带与群体行为的关系研究

如前所述，群体断裂带的概念来源于劳和默宁翰（1998）对多样性群体中分裂现象的研究，其理论根源为社会认同理论。最近十年以来，群体断裂带问题引起了社会学、心理学、公司治理、战略管理等不同学科学者的关注，取得了丰硕的研究成果[2]。已有研究主要集中于考察群体断裂带对群体冲突、信息共享和群体满意的影响，但有趣的是横看成岭侧成峰，远近高低各不同，由于基于不同的理论视角，学者们对群体断裂带与群体行为的关系众说纷纭，莫衷一是。

（一）群体断裂带与群体冲突

学者们在团队研究中经常考察的冲突类型有关系冲突和任务冲突两种。关系冲突是指在团队成员在非工作相关的人际交往方面存在的不一致，任务冲突是指团队成员在与工作相关的方面存在的分歧。学者们关于联盟研究的文献和群体断裂带理论主张，当群体中存在强断裂带时，同一子群体内部的

---

① 韩立丰，王重鸣. 群体断层强度测量指标的构建与检验：一个整合的视角 [J]. 心理学报，2010（11）：8.

② Thatcher S. M. B, Patel P. C. Group Faultlines: A Review, Integration, and Guide to Future Research [J]. Journal of Management, 2012, 38（4）：969 - 1009.

成员之间将会产生更加愉快的互动（Bezrukova et al.，2010；Stevenson，Pearce and Porter，1985），不同子群体之间则会导致冲突的增加和彼此之间的不信任（Choi and Sy，2010；Greer and Jehn，2007；Hogg，Turner and Davidson，1990；Homan et al.，2007a；Pearsall et al.，2008）。

大部分学者围绕群体断裂带与群体冲突进行的研究均发现群体断裂带与群体冲突之间存在显著的正相关关系（Bezrukova et al.，2007；Li and Hambrick，2005；Pearsall et al.，2008；Polzer et al.，2006；Thatcher et al.，2003；Zanutto et al.，2010）。如 Thatcher（2003）最早对群体断裂带与群体冲突之间的关系进行了实证探索，研究发现和存在适度断裂带的团队相比，不存在断裂带和拥有较强断裂带的团队经历了更多的冲突。李和汉布里克（Li and Hambrick，2005）、劳和默宁翰（2005）对派系群体之间存在的断裂带进行研究后得出了相似的结论，认为当群体内部存在强断裂带时，群体成员之间摩擦和关系冲突加剧，瓦解了群体成员行为的一致性，进而降低了群体绩效。虽然没有对冲突类型进行区分，默勒曼（Molleman，2005）、耶恩和别兹鲁科夫（Jehn and Bezrukova，2010）研究发现，人口学断裂带与群体冲突之间具有很强的相关性。巴克玛赫和什维科沃（2007）对 25 家大型荷兰公司国际化扩张样本的研究表明，高管团队内部存在的强断裂带增加了团队冲突，减少了公司在新地理区域进行投资的可能性。撒切尔和派特尔（Thatcher and Patel，2011）对 1995~2011 年发表在 AMJ、ASQ、JM、HR（Human Relations）、JAS（Journal of Applied Psychology）、JOOR（Journal of Occupational and Organizational Psychology）的 36 篇经验研究论文进行元分析（Meta-Analysis）后发现，群体断裂带强度与关系冲突和任务冲突之间存在显著的正相关关系。

但也有学者持不同的观点。如卡尔布（Kalbus，2000）指出，如果群体中不存在断裂带的话，由于缺乏建设性冲突，在面临决策选择时会导致过程缺陷。而劳和默宁翰（2005）研究发现，群体中存在的强断裂带降低了关系冲突。崔和西（Choi and Sy，2010）则发现基于"任期—年龄"和"年龄—种族"划分的断裂带增加了子群体间的关系冲突，基于"任期—种族"划分的断裂带与关系冲突负相关。

（二）群体断裂带与信息共享

社会认同理论主张，并非群体成员人口统计特征差异的分散性，而是人口统计特征的"一致性"影响了群体成员的行为[①]。当群体中存在强断裂带时，由于时间和精力被花在弥补由于断裂带所导致的子群体间"鸿沟"上，投入满足整个群体目标方面的时间就相应减少了，子群体间的关系冲突和沟通障碍妨碍了群体成员之间的信息共享[②]。

大量学者的研究支持了这一观点。如劳和默宁翰（1998）研究发现，当群体成员多重属性特征的相互作用导致断裂带出现时，会阻碍整个团队的整合和信息交流。劳和默宁翰（2005）以及巴克玛赫和什维科沃（2007）研究证实，当群体内部存在强断裂带时，群体成员之间摩擦和情感冲突加剧，会阻碍高管团队成员进行建设性辩论，从而导致交流和信息共享崩溃。李和汉布里克（2005）研究表明，团队内部基于人口学属性划分的子群体会导致"行为瓦解"，影响团队成员之间的信息交换和联合决策。索耶等（Sawyer et al.，2006）和里科（Rico et al.，2007）研究发现，当多样性团队中出现断裂带时，不同子群体成员间不愿意向彼此暴露新奇的想法，信息共享程度降低，这一过程加剧了团队极化，降低了团队决策质量。哈勒维（Halevy，2008）和卡梅利等（Carmeli et al.，2009）研究发现，群体断裂带的存在会使得团队内部信息交流的难度上升，成员之间分享的知识和信息减少，进而导致团队学习过程的瓦解。塔格尔等（2010）研究表明，当董事会中存在强断裂带时，会减少董事会成员对公司创业问题的讨论。国内学者宋志强等（2012）基于对我国121家民营企业经验研究的结果证实，高管团队成员基于个性心理特征形成的断裂带对团队成员的信息共享和创新性决策具有消极的影响。

然而，也有学者基于信息决策理论认为，群体断裂带的存在并非总是有害的，适度的断裂带作为"健康的区分"，有利于增加群体成员的思维弹

---

① Tajfel H，Turner. J. C. The Social Identity Theory of Intergroup Behavior［J］. Psychology of Intergroup Relations，1986（81）：7 – 24.

② Li J，Hambrick D. C. Factional Groups：A New Vantage on Demographic Faultlines，Conflict and Disintegration in Work Teams［J］. Academy of Management Journal，2005，48（5）：794 – 813.

性，促进群体成员之间的信息共享。如吉普森等（Gibson et al.，2003）在深入研究156个工作团队的基础上发现，团队断裂带与组织学习之间呈倒"U"形关系，作者进一步指出，当群体中存在适度的断裂带时，由于不同子群体成员存在较大的差异，使得成员具有进行信息交换、开展建设性对话的动力，表现出的组织学习活动也最多。哈特和沃格特（Hart and Vugt，2006）认为，适度断裂带的存在有助于增加群体内部的学习行为，提高团队成员的满意度和思维柔性，促进不同信息和不同观点的整合，有利于提升团队决策质量。

（三）群体断裂带与群体满意

根据社会认同理论和相似吸引范式，群体成员会更加认同自己所处的子群体，给予同一子群体内成员积极评价，把消极评价强加给外群体成员，由于刻板印象和群体偏见的存在，使得整个群体的凝聚力受损①。

劳和默宁翰（2005）、里科等（2007）研究发现，当团队中存在强断裂带时，子群体成员间会建立起更紧密的人际网络和亲密关系，不同子群体间的冲突、碰撞和分歧更加尖锐，这可能会导致消极的情感反应（如焦虑、紧张），降低了群体满意和群体凝聚力。耶恩和别兹鲁科夫（2010）通过实验研究得出相似的结论，作者发现当多样性群体中出现断裂带时，群体成员间更易于经历无奈、不适、敌意、焦虑等负面情感，群体满意度下降。扎努托等（Zanutto et al.，2010）和克罗宁等（Cronin et al.，2011）的研究也支持了这一论断，他们发现多样性团队中群体断裂带与群体满意度之间存在显著的负相关关系。撒切尔和派特尔（2011）通过荟萃分析（Meta - Analysis）表明，和存在弱断裂带的群体相比，断裂带强度高的群体其成员满意度较低。

然而关于二者之间的关系学者们并未达成共识。如劳和默宁翰（2005）研究发现，当团队中存在断裂带时，来自同一子群体内部的社会支持和强社会联系带来了高的子群体成员满意度。别兹鲁科夫等（2010）、斯佩尔等

---

① Hornsey M. J, Hogg M. A. Assimilation and Diversity：An Integrative Model of Subgroup Relations [J]. Personality and Social Psychology Review, 2000, 4 (2)：143 – 156.

（Spell et al.，2011）发现，强断裂带调节了个体成员不公平感和个体产出之间的负相关关系，认为子群体成员提供的心理支持对个体效能具有积极的影响。

三、董事会群体断裂带与企业战略绩效的关系研究

（一）董事会群体断裂带的研究源起

为了更好地梳理董事会群体断裂带研究的源起与发展脉络，本书首先回顾了学者们在董事会异质性研究中遇到的困境和问题。

董事会异质性指董事会成员种族、年龄、性别、职能背景、个性、情感、价值观等差异程度，一般可以分为人口统计特征层面可观察的异质性和认知层面不可观察的异质性[①]。作为公司治理机制的核心，董事会承担着为公司战略分配资源、提供创造性思维以及建立与外界联系的任务。异质性的董事会能够为公司提供异质性的战略决策资本，无疑会对企业的价值产生重要影响。近年来，董事会异质性与企业价值之间的关系成为战略管理和公司治理领域关注的一个焦点问题。但是，学者们围绕董事会异质性进行的实证研究结论并不一致，甚至相互矛盾。

大部分学者基于资源依赖理论认为，董事会异质性对企业价值具有积极的促进作用。如凯特（Cater，2003）以美国《财富》1000强上市公司1997年的数据为样本，考察了董事会性别、种族多样性与股东价值之间的关系，在控制了公司规模、行业以及其他公司治理变量后，作者研究发现董事会中女性董事与少数民族董事比例与股东价值之间存在显著的正相关关系。埃哈特（Erhardt，2003）、凯特（2007）、米勒和特里亚纳（Miller and Triana，2009）等学者应用美国公开样本数据的研究也得出了相似的结论，即女性董事和少数民族董事比例的提高有利于增加公司价值。李小青（2012）以我国高科技行业上市公司2007～2010年344个公司的年度数据为研究样本，

① Anderson R. C，Reeb D. M，Upadhyay A，et al. The Economics of Director Heterogeneity［J］. Financial Management，2011，40（1）：5－38.

考察了董事会认知异质性对企业价值的影响，通过相关和回归分析作者发现，董事会成员任期和职能背景异质性与公司托宾 Q 值之间具有显著的正相关关系，表明董事会成员任期和职能背景异质性对企业价值具有积极的促进作用。

但也有学者持不同的看法。沃特（Walt，2003）发现董事的年龄、性别、种族及职能背景异质性虽然有利于提高公司的社会声誉，但与公司价值之间的关系并不显著。罗斯（Rose，2007）利用丹麦上市公司样本数据进行的研究，也没有发现女性董事比例与公司托宾 Q 值之间存在任何显著的相关关系。基于 Russell 1000 家公司 2003～2005 年的数据，安德森等（Anderson et al.，2011）对董事会异质性与企业价值之间的关系进行了研究，发现董事会异质性和托宾 Q 值之间并非单向的正相关关系，二者之间的关系受公司经营复杂程度的影响。对于经营程度较复杂的公司，董事会异质性程度越高公司获得的溢价越高；但对于经营程度相对简单的公司而言，董事会异质性程度越高托宾 Q 值越低。马哈德奥等（Mahadeo et al.，2012）基于毛里求斯 45 家上市公司的研究结果表明，董事会成员年龄异质性和女性董事会比例与公司绩效正相关，董事会成员教育背景异质性与公司绩效负相关。

系统梳理已有文献不难发现，以往研究虽然关注董事会群体内部异质性的资源，但是忽视了董事会成员作为多重人口统计特征集合的属性，一次只评价群体成员某一方面的属性（如性别、年龄、种族等）与企业价值之间的关系，导致实证研究结论并不一致。此外，传统的董事会异质性研究忽视了异质性可能会带来的消极影响，如随着群体成员异质性的增加，群体内部会出现分离均衡并形成不同的子群体，即产生群体断裂带。国外已有文献表明群体断裂带的存在，会抑制群体成员的沟通、合作、信任、黏性等行为，并最终影响了群体效能。撒切尔和派特尔（2012）研究表明，群体断裂带对群体过程和群体效能的影响，远远大于群体多样性指标本身。在此背景下，近年来国内外学者对董事会群体断裂带的研究逐渐升温。

（二）董事会群体断裂带相关研究

最早把群体断裂带的概念应用于公司治理和董事会研究，要追溯到塔格尔、施娜特莉和约翰逊（Tuggle，Schnatterly and Johnsond，2010）三位学者于2010年发表在AMJ第53卷第3期的"Attention Patterns in the Boardroom：How Board Composition and Processes Affect Discussion of Entrepreneurial Issues"一文。但由于执行董事往往兼任公司高管，所以本部分首先对高管团队群体断裂带研究的相关文献进行梳理和归纳。

1. 高管团队群体断裂带相关研究

自从劳和默宁翰（1998）开创性地提出群体断裂带的概念以来，学者们对高层管理团队中存在群体断裂带现象进行了探索性研究，已有研究主要围绕高管团队群体断裂带对群体行为、群体效能以及组织绩效的影响展开，并取得了较丰富的研究成果。但综观已有文献，学者们对高管团队群体断裂带与组织后果的研究结论见仁见智。

由于群体断裂带是高管团队内部发生分裂的外在表现，从国外文献来看，已有研究大都表明，高管团队群体断裂带会对群体行为和群体效能产生消极的影响。如李和汉布里克（2005）对中国北京、上海、广东三地71个中外合资企业高管团队中存在断裂带进行了研究，研究发现合资企业高管团队中存在派系群体（Factional Group），断裂带先天性地存在（Preexisting）于派系群体之间；当断裂带强度较大时，容易引发派系群体之间的任务冲突、情感冲突并导致行为解体（Behavioral Disintegration），进而导致群体绩效的下降。[①]

巴克玛赫和什维科沃（2007）以荷兰25家大型、非金融类上市公司国际化扩张的数据为样本，研究了高管团队任期、教育背景多样性以及伴随着任期和教育背景多样性产生的群体断裂带对企业国际化扩张的影响，结果表明，高管团队任期和教育背景多样性增加了公司在新地理区域进行投资的可能性，强断裂带环境减少了公司在新地理区域进行投资的可能性。[②]

米尼基利等（2010）基于对113家意大利公司高管团队进行问卷调查所获取的数据，运用层级回归方法分析了家族企业高管团队群体断裂带对公司

---

① Li J, Hambrick D. C. Factional Groups：A New Vantage on Demographic Faultlines, Conflict and Disintegration in Work Teams [J]. Academy of Management Journal, 2005, 48 (5)：794 – 813.

② Barkema H. G, Shvyrkov O. Does Top Management Team Diversity Promote or Hamper Foreign Expansion [J]. Strategic Management Journal, 2007, 28 (7)：663 – 680.

绩效的影响，作者研究发现，当委托人（家族成员）和代理人（非家族成员）处于同一个决策群体时，极易产生群体断裂带；同时研究结果表明，家族企业高管团队群体断裂带强度与公司绩效之间具有显著的负相关关系，当家族成员担任 CEO 时，群体断裂带与公司绩效之间的负相关关系减弱。[①]

以英国制造行业 42 家公司的高管团队为研究样本，克尼彭贝格等（2011）基于共同目标（Shared Objectives）调节作用的视角，考察了多样性断裂带对高管团队绩效的影响。作者研究发现基于高管团队成员性别、任期和职能背景多样性形成的断裂带与组织绩效显著负相关，而当高管团队成员之间具有更高的共同目标时，多样性断裂带对组织绩效消极影响趋于弱化，即团队成员共同目标调节了二者之间的负相关关系。[②]

国内学者陈悦明等（2012）通过对我国 121 家民营企业问卷调查发现，高管团队成员个性心理特征断裂带与团队决策质量及决策效率之间均存在显著的负相关关系，且受到团队认同的调节。[③]

2. 董事会群体断裂带与企业战略绩效

随着学者们对高管团队群体断裂带研究的日趋升温，近年来董事会群体断裂带问题也开始引起国内外学者的关注。但是目前专门探讨董事会群体断裂带与企业战略绩效关系的研究还比较少见，二者之间的关系蕴含在董事会群体断裂带对战略选择和公司绩效的影响中。

塔格尔是进行董事会群体断裂带研究的典型代表，他和同事施娜特莉以及约翰逊在 2010 年基于美国 18 个行业 1994～2000 年的样本数据，对异质性董事会（表现为董事会成员职能背景、行业背景和任期异质性）中存在的断裂带现象进行了开创性研究，结果表明弱断裂带增加了董事会成员围绕公司创业问题进行了讨论，强断裂带减少了董事会成员围绕公司创业问题进行的讨论；同时作者还发现，董事会群体断裂带会受到董事会会议的非正式程

① Minichilli A，Corbetta G，Macmillan I. C. Top Management Teams in Family－Controled Companies："Familiness"，"Faultlines" and Their Impact on Financial Performance [J]. Journal of Management Studies，2010，47（2）：205－222.

② Van Knippenberg D，Dawson J. F，West M. A，et al. Diversity Faultlines，Shared Objectives and Top Management Team Performance [J]. Human Relations，2011，64（3）：307－336.

③ 陈悦明，葛玉辉，宋志强. 高层管理团队断层与企业战略决策的关系研究 [J]. 管理学报，2012，9（11）：1634－1642.

度这一情境变量的调节：即会议的非正式程度增强了弱断裂带与董事会对创业问题讨论之间的正相关关系，削弱了强断裂带与董事会成员对创业问题讨论之间的负相关关系。

在塔格尔等（2010）研究基础上，周建和李小青（2012）以我国高科技行业上市公司为样本，对我国高科技企业董事会中基于职能背景、行业背景和任期三个特征所形成的断裂带与创新战略之间的关系进行了考察。和塔格尔等（2010）的研究结论不同，作者发现董事会成员基于认知特征所形成的断裂带对企业创新战略的制定和实施具有积极的影响。该结论进一步为别兹鲁科夫等（2009）提出的"社会分类特征断裂带和信息断裂带对组织绩效会产生不同影响"的论断提供了佐证和支持。

卡奇马雷克、凯米诺和派伊（Kaczmarek，Kimino and Pye，2012）以英国 FTSE350 指数中的上市公司 1999～2008 年的非平衡面板数据为研究样本，基于断裂带强度和断裂带距离构建了董事会群体断裂带指数，考察了董事会任务导向断裂带（指基于董事类型、教育程度、任期、职能背景所形成的断裂带）对企业价值的影响，研究结果表明基于任务导向的董事会群体断裂带与企业价值显著负相关。此外，作者研究发现董事会情境因素调节了董事会群体断裂带与企业价值之间的负相关关系，具体表现为：非执行董事在多家公司任职、延长 CEO 任期会加剧董事会群体断裂带与企业价值之间的负相关关系；增加执行董事与绩效相关的薪酬有助于缓解董事会群体断裂带与企业价值之间负相关关系。

利姆、布森尼兹和吉登伯勒姆（Lim，Busenitz and Chidambaram，2013）对新创企业董事会中创始人与投资者之间的群体断裂带进行了研究，作者指出新创企业董事会中通常包括提供智力资本的创始人和提供股权资本的投资者，所以群体断裂带内生性存在于新创企业董事会中，并对企业商业机会识别产生重大影响。作者构建了创始人—投资者之间群体断裂带对商业机会识别影响的理论研究框架，并进一步分析了群体断裂带强度的影响因素。

综上所述，虽然目前学者们的实证研究结论尚不统一，但是毋庸置疑的是，董事会断裂带的存在会对战略选择和企业价值产生影响，关于这一点学者们已达成共识。此外，通过文献梳理不难发现，董事会群体断裂带对战略选择和企业价值的影响与董事会情境有着密切的联系，即便两个董事会的断裂带强度完全相同，但在不同的董事会情境下，对战略选择和企业价值的影响程度可能迥然不同。所以，近年来基于权变视角的研究在西方越来越受到重视。

四、董事会决策行为与企业战略绩效的关系研究

企业价值是企业战略绩效的最终体现（徐二明和王智慧，2000）。从国外文献来看，大量研究均表明董事会决策行为对企业价值具有重要影响。

福布斯和米利肯（Forbes and Milliken，1999）在整合董事会、群体动态性和团队有效性相关研究的基础上，构建了董事会决策行为与效能关系的研究模型，为经验考察董事会决策行为对董事会效能的影响奠定了基础。[1] 休斯（Huse，2007）呼吁学者们在传统投入产出模型的基础上，关注董事会决策行为对公司绩效的影响，指出董事会决策行为是影响企业价值创造的重要因素，与董事会结构相比对增强企业竞争优势的作用更大。[2] 米尼基利、扎托尼和佐纳（Minichilli，Zattoni and Zona，2009）基于对意大利公司问卷调查获取的一手资料，实证考察了董事会决策行为对企业价值的影响，研究发现董事会成员重要辩论对董事会效能及企业价值显示出积极的影响。[3] 张（2010）基于挪威上市公司 2002～2004 年的数据，考察了董事会拥有和使用信息对战略任务绩效的影响，研究结果表明董事会拥有信息以及公开讨论、有效领导和积极搜寻，有利于创造企业可持续竞争优势。[4] 休斯（2011）对福布斯和米利肯（1999）的模型进行了拓展，为探索董事会决策行为过程

---

[1] Forbes D. P, Milliken F. J. Cognition and Corporate Governance: Understanding Boards of Directors as Strategic Decision - Making Groups [J]. Academy of Management Review, 1999, 24 (3): 489 - 505.

[2] Minichilli A, Gabrielsson J, Huse M. Board Evaluations: Making a Fit between the Purpose and the System [J]. Corporate Governance: An International Review, 2007, 15 (4): 609 - 622.

[3] Minichilli A, Zattoni A, Zona F. Making Boards Effective: An Empirical Examination of Board Task Performance [J]. British Journal of Management, 2009, 20 (1): 55 - 74.

[4] Zhang P. Board Information and Strategic Tasks Performance [J]. Corporate Governance: An International Review, 2010, 18 (5): 473 - 487.

提供了一个研究框架，并建议应用群体和认知心理学的相关理论，加强对董事会决策行为过程的研究。[①]

从国内来看，董事会决策行为对企业价值影响的相关研究也逐渐升温。但是已有研究大都以董事会会议次数作为董事会决策行为的替代变量，围绕董事会会议次数与企业价值（或公司绩效）之间的关系展开，目前实证研究结果之间还存在一定分歧。

一种观点认为，董事会决策行为对企业价值（或公司绩效）具有积极的影响。如牛建波和李胜楠（2007）基于中国民营上市公司 2002~2004 年面板数据的研究表明，董事会会议次数对企业价值具有显著的正向影响。[②] 宁家耀和王蕾（2008）以 2005 年中国证券市场公布的指标股为研究样本，实证分析了董事会决策行为的决定因素及其对公司绩效的影响，发现董事会会议次数与当期和后期的公司绩效显著正相关。[③] 王斌和童盼（2008）选取 2004 年 12 月 31 日前在沪市发行 A 股的上市公司为研究样本，对董事会决策行为与公司绩效之间的关系进行了检验，研究结果表明董事会成员的努力程度与公司业绩正相关，董事会行为对公司绩效的影响比董事会结构和特征更直接。[④] 伊志宏等（2011）、吴楠等（2013）的研究也支持了这一论断。

但是也有学者持不同的观点。于东智（2001）研究发现董事会会议次数与公司的前期绩效显著负相关，与同期及后期绩效正相关但不显著，认为我国上市公司董事并未通过董事会会议来很好地参与公司治理，董事会会议在一定程度上存在效率浪费现象。薛有志、彭华伟和李国栋（2010）研究证实董事会会议次数与代理成本正相关。

---

① Huse M, Hoskisson R, Zattoni A, et al. New Perspectives on Board Research: Changing the Research Agenda [J]. Journal of Management and Governance, 2011, 15 (1): 5 – 28.

② 牛建波，李胜楠. 控股股东两权偏离、董事会决策行为与战略绩效: 基于中国民营上市公司面板数据的比较研究 [J]. 南开管理评论, 2007, 10 (2): 31 – 37.

③ 宁家耀，王蕾. 中国上市公司董事会决策行为与公司绩效关系实证研究 [J]. 管理科学, 2008, 21 (2): 9 – 17.

④ 王斌，童盼. 董事会决策行为与公司业绩关系研究: 一个理论框架及我国上市公司的实证检验 [J]. 中国会计评论, 2008, 6 (3): 255 – 274.

五、相关研究述评

综上所述，国内外学者围绕该主题进行的研究主要涉及群体断裂带概念的形成与演化、群体断裂带与群体行为、董事会群体断裂带与企业战略绩效以及董事会决策行为与企业战略绩效四个方面，并得出了一系列具有理论价值与现实指导意义的研究成果。这是立足于中国制度背景开展研究的良好开端。

但总体来看，现有研究还存在以下有待补充和完善之处：

（一）基于群体断裂带视角对董事会进行的研究相对较少

在组织行为学领域，群体断裂带问题已经成为学者们关注的热点与焦点。虽然群体断裂带在揭示异质性群体内成员行为的动态性时有很好的应用前景（Thatcher and Patel，2012；Bezrokuva et al.，2012），但目前我国学者对群体断裂带的研究还比较缺乏。已有研究大都为对国外群体断裂带的形成、演化和效应进行梳理与评述，针对中国情境下群体断裂带的研究比较鲜见，而在公司治理领域从群体断裂带视角解读董事会的相关研究更是凤毛麟角。

因此，在中国情境下实证探索任务导向董事会断裂带对企业战略绩效的影响，将有助于加深我国学者对群体断裂带现象的认识，丰富中国情境下董事会群体断裂带与企业绩效关系的经验研究成果。

（二）缺乏对董事会决策行为过程的深入考察

通过文献回顾可知，虽然近年来国内学者围绕董事会决策行为进行的研究日趋丰富，但已有研究大都以董事会会议次数作为决策行为的替代变量，考察董事会结构特征对公司绩效的直接影响，忽视了对董事会决策行为过程的深入探究，从而使得董事会决策行为过程成为一个"黑箱"。2009年金融危机的爆发，使得全球范围提高董事会有效性的呼声日益高涨，如何检验董事会治理的行为效果，再次成为公司治理和战略管理理论界和实践界关注的焦点。

因此，基于行为视角对董事会与企业战略绩效之间的关系展开研究，无疑是一个非常具有理论与现实意义的研究方向。

（三）缺乏对董事会群体断裂带与企业战略绩效之间内部作用机制的探索

通过文献梳理可以看出，国内外现有研究主要集中于考察董事会群体断裂带对企业战略选择和价值创造的直接影响，而关于董事会群体断裂带与企业战略绩效之间内部作用机制的研究应该说还是空白。塔格尔等（2010）、卡奇马雷等（2012）均指出，董事会群体断裂带的存在会影响董事会决策行为，进而影响企业战略绩效，同时董事会情境因素会对董事会群体断裂带与企业战略绩效的关系产生调节作用，但是已有研究并没有对四者之间的关系进行实证检验。

因此，在中国情境下探讨和进一步验证董事会决策行为在董事会群体断裂带和企业战略绩效之间的中介作用，董事会情境因素在董事会群体断裂带与企业战略绩效之间的调节作用，以及董事会情境与董事会决策行为对董事会群体断裂带与企业战略绩效关系的联合影响，不仅能加深人们对此作用机制的认识，而且有助于指导我国的公司治理实践。

总之，本章首先对与本书主题相关的群体断裂带、董事会治理以及战略管理相关理论进行了介绍，为后面章节的研究框架构建和研究假设提出奠定了坚实的基础。接下来本章围绕董事会群体断裂带与企业战略绩效关系的相关文献进行了综述，在回顾了群体断裂带概念的形成、演化及测量的基础上，本章从群体断裂带与群体行为、董事会群体断裂带与企业战略绩效、董事会决策行为与企业战略绩效三个方面对国内外相关文献进行了梳理与归纳。关于群体断裂带与群体行为之间的关系，国外学者进行了大量的经验研究，但并没有得出一致性结论；和学者们在高管团队群体断裂带研究领域取得的丰硕成果相比，专门针对董事会这一特殊决策群体断裂带的研究目前虽然不多，但已经取得了不少有益的成果，这表明董事会群体断裂带研究具有良好的理论前景，这就为本书研究董事会与企业战略绩效之间的关系找到一个切入点。即从探寻董事会群体断裂带对企业战略绩效的作用机制入手，剖析董事会群体断裂带对董事会决策行为进而企业战略绩效的影响，同时考察董事会情境因素对董事会群体断裂带与企业战略绩效关系的调节作用，以及董事会情境与董事会决策行为对董事会群体断裂带与企业战略绩效的联合影响，从总体架构层面把握董事会群体断裂带对企业战略绩效的内部作用逻辑。

第三章
概念界定与模型构建

　　核心概念是研究的关键点和理论基石，缺乏定义会使得论文的研究边界难以确定，从而难以得出清晰的、有说服力的结论。本章首先界定了董事会群体断裂带、任务导向属性和企业战略绩效三个核心概念，明确了任务导向董事会断裂带的来源、内涵和构成；接下来本书基于战略管理、公司治理和心理学领域的主流学说，分析了任务导向董事会断裂带对董事会决策行为和企业战略绩效的影响，从理论层面厘清了"任务导向董事会断裂带—董事会决策行为—企业战略绩效"的内在逻辑，并从权变过程视角构建了董事长职能背景和董事会持股比例对任务导向董事会断裂带与企业战略绩效关系的调节作用模型，最后结合本书的研究主题对中介和调节效应进行了介绍和分析，本章内容为后面的实证研究奠定了坚实的理论基础。

第一节　概念界定

一、核心概念界定

（一）董事会群体断裂带

1. 董事会群体断裂带的来源

董事会群体断裂带来源于地质断裂带的概念，地质断裂带亦称断层带，是由主断层面以及若干次级断层或破裂面组成的地带。董事会群体断裂带与地质断裂带在以下三个方面具有相似之处①：

（1）和地壳具有多个岩层类似，董事会成员同时具有多重属性特征（Lau and Murnighan，1998）。就地理领域而言，仅仅考察地壳的某一个层面没有办法准确地预知多个地质层面相互作用对地震的影响；同样，只对董事会成员某单一维度的人口统计特征进行考察，则会忽略董事会成员多重属性特征相互作用对董事会决策行为和效能的影响。

（2）地质断裂带是地壳表面产生的裂缝，如果没有外力的作用，地质断裂带可能多年潜伏于地下，从地壳表面无法察觉；然而当多个岩层突然沿着断裂带发生位移并产生巨大震荡时就会引发地震。和地质断裂带类似，如果缺乏特定任务情境的激发，董事会成员可能意识不到断裂带的存在。但是，正如环境的力量能够加重某些地质断裂带的危害一样，在受到具体任务情境激发后，董事会成员基于多重属性特征排列所形成的断裂带可能会对董事会内部的社会动态性产生破坏性影响②。

（3）如果地质断裂带强度较弱的话，即使受到强大的外部力量冲击，也不至于发生大地震。与此相类似，断裂带强度的大小决定了董事会断裂带对董事会决策行为和效能的影响。董事会群体断裂带较弱的公司可能会经历较少的群体冲突，而一定程度冲突的存在对增强董事会效能而言往往是建设性的。然而，如果董事会断裂带强度较大的话，则会加大外力和子群体冲突对董事会效能和战略绩效带来的破坏性。

地质断裂带为我们研究潜在的董事会断裂带提供了一个参考框架，使得我们把研究重点放在考察董事会成员多重属性特征聚合这一分析单元上。

2. 董事会群体断裂带的内涵

董事会是由一些具有独特技能、背景和自我利益的个体为了取得共同目标而进行协作的一个战略决策群体。作为公司决策控制系统的精英群体，董事会成员代表了广泛的职能背景、教育背景和行业背景，在公司战略决策过

---

①② Lau D. C, Murnighan J. K. Demographic Diversity and Faultlines: The Compositional Dynamics of Organizational Groups [J]. The Academy of Management Review, 1998, 23 (2): 325 – 340.

程中扮演着重要角色。由于不同的国家具有不同的社会文化传统、政治经济体制和法律体系，因此在世界范围内演化成了多元化的董事会模式，目前在国际上较为典型的主要有英美的单层制模式和德国的双层制模式。在单层制模式下董事会由非执行董事和执行董事组成，前者负责战略决策和监督职能，后者承担管理和执行职能。

虽然我国上市公司的董事会构成较为复杂，但是从董事会作为战略决策主体的视角看，董事会中执行董事和独立董事的决策权重很突出。就成员类型和承担的职责而言，独立董事通常是兼职的，独立于公司且不承担执行责任；执行董事与公司签订了全职契约同时承担管理职位，已经在团队内部形成了成熟的沟通机制和共享心智模式。因此类似家族企业高管团队、国际合资企业高管团队和新创企业高管团队等其他派系群体，断裂带内生性地存在于董事会中。

如前所述，群体断裂带是基于群体成员多重属性特征的排列把群体划分为若干相对同质子群体的假想分割线，极易在群体成员多样性程度适中时形成。断裂带概念的提出是基于排列的方法，该方法假设多重属性特征可以跨越群体成员同步排列。例如，董事会可以分为拥有硕士学位、6年董事任期、财务金融背景的独立董事子群体和拥有学士学位、3年以下董事任期、研发生产背景的执行董事子群体，所以断裂带的概念使得同时考察董事会成员的多重属性特征成为可能。

尽管形成群体断裂带的理论基础和群体多样性有诸多相似之处，但群体断裂带和群体多样性研究的考察重点却截然不同。群体多样性研究聚焦于考察群体层面单一属性特征的分布情况，群体断裂带指标则更关心群体成员一个或多重属性特征的排列方式，即断裂带强度[1][2]。假设有两个不同的董事会（董事会Ⅰ和董事会Ⅱ），如图3.1所示。

---

[1]　Kaczmarek S, Kimino S, Pye A. Board Task – Related Faultlines and Firm Performance：A Decade of Evidence [J]. Corporate Governance：An International Review, 2012, 20 (4)：337 – 351.

[2]　Bezrukova K, Jehn K A, Zanutto E. L, et al. New Perspectives on Board Research：Changing the Research Agenda [J]. Organization Science, 2009, 20 (1)：35 – 50.

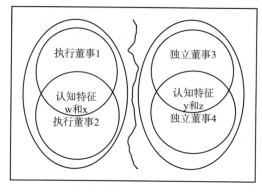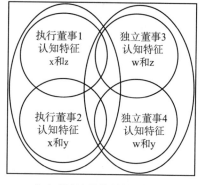

（a）董事会 I 的强断裂带情形　　　　（b）董事会 II 的弱断裂带情形

图 3.1　董事会断裂带情形

资料来源：在 Lim Jonne Yong-kwan，Busenitz L. W，Chidambaram L. New Venture Teams and the Quality of Business Opportunities Identified：Faultlines Between Subgroups of Founders and Investors［J］. Entrepreneurship Theory and Practice. 2013，37（1）：47–67 基础上修改而得。

　　假设图 3.1（a）（b）两图中董事会 I 和董事会 II 都包括 2 个执行董事和 2 个独立董事。在这两种情况下，子群体成员除了代表不同的来源外，还与其他成员共享职能背景、教育背景、个性特征、价值观等认知特征。基于传统的多样性研究，董事会 I 和董事会 II 会被认为多样性程度完全相同，但这两个董事会的断裂带强度却相差甚远。

　　断裂带强度指同一子群体内部成员属性特征的一致性程度，或者说群体被划分为若干相对同质子群体的清晰度。图 3.1（a）描述了一种董事会中存在强断裂带的情形。在图 3.1（a）中，由于都是执行董事且共享相同的认知特征 x 和 w，所以董事会成员 1 和成员 2 的结构特征和认知特征排列整齐；由于都是独立董事且共享相同的认知特征 y 和 z，所以董事会成员 3 和成员 4 的结构特征和认知特征排列整齐；在这种情况下董事会 I 潜在地分裂为两个完全同质的子群体，在这两个子群体当中成员的属性特征高度一致，群体断裂带强度较大。

　　与图 3.1（a）相对照，图 3.1（b）描述了一种董事会中存在弱断裂带的情形。例如，在董事会 II 中成员 1 和成员 3 虽然结构特征不同（一个是执行董事，另一个是独立董事），但拥有共同的认知特征 z，成员 2 和成员 4 虽然结构特征不同（一个是执行董事，另一个是独立董事），但拥有共同的认知特征 y。由于执行董事和独立董事子群体成员拥有交叉的认知特征，所以执行董事与独立董事子群体间的断裂带强度被分散和削弱。

当不同结构特征（如执行董事和非执行董事）、不同认知特征（如职能背景、教育背景、董事任期等）的成员共同组成董事会时，他们可能会在两个关键维度上存在差异，即结构维度和认知维度。当董事会成员结构维度特征和认知维度特征排列整齐时，董事会群体断裂带强度较强，反之则较弱。

基于以上分析，我们认为董事会群体断裂带会受到结构维度和认知维度的影响，并借鉴劳和默宁翰（1998）[1] 以及撒切尔等（2003），[2] 把董事会群体断裂带定义为基于董事会成员的结构特征和认知特征把董事会划分为若干子群体的假想分割线。

（二）任务导向属性

在董事会多样性和公司治理文献中，学者们常常把可观察的、表层的社会分类特征和不可观察的、深层的认知特征区别开来（如 Erhardt et al.，2003；Carter et al.，2007；Miller and Triana，2009；Carter et al.，2010；Tuggle et al.，2010；祝学文，2011；Kaczmarek et al.，2012；周建等，2012）。前者包括董事会成员的种族、年龄、性别、国籍等，后者包括董事会成员的教育背景、职能经验、行业背景、组织任期等。与此相类似，派勒德（Pelled，1996）把团队成员的属性特征分为高任务相关与低任务相关两种类型，高任务相关的属性特征在理论上更重要，因为它反映了这些属性特征增加与任务相关的知识、技能和能力的程度，而与任务相关的知识和技能有利于提高团队效能，进而提升组织绩效。

对董事会这个特殊的战略决策群体而言，其任务主要包括"为高级经理人员提供建议和咨询、保证公司获取关键资源、参与公司战略的制定与执行

---

[1] Lau D. C, Murnighan J. K. Demographic Diversity and Faultlines: The Compositional Dynamics of Organizational Groups [J]. The Academy of Management Review, 1998, 23（2）: 325 – 340.

[2] Thatcher S. M. B, Jehn K. A, Zanutto E. Cracks in Diversity Research: The Effects of Diversity Faultlines on Conflict and Performance [J]. Group Decision and Negotiation, 2003（12）: 217 – 241.

以及评价和监督战略决策过程"[1]。和非任务相关的属性（如年龄、性别、种族等）相比，任务相关的属性（如职能背景、教育程度、组织任期）对董事会有效履行其战略角色能够产生更大的影响（Pelled，1996；Pelled et al.，1999；Kaczmarek et al.，2012）。此外，和低任务相关的属性相比，高任务相关的属性在董事会履行战略职责过程更容易浮现出来，对董事会决策行为和效能的影响更加突出。

选择任务导向属性的原因在于董事会断裂带的激活（Activation）问题，因为在董事会成员意识到其属性特征差异之前，董事会断裂带一直处于休眠状态。而群体断裂带处于休眠状态还是实质上被激活，取决于是否存在一个能够突出群体成员差异的任务情境。例如，劳和默宁翰（1998）指出，攻击性的言语可能会激活基于种族划分的断裂带，退休和养老金问题可能会激活基于年龄划分的断裂带，潜在的来源于职场"玻璃天花板"的压力，可能会激活基于性别划分的断裂带等[2]。相应地就董事会而言，董事会成员是否是执行董事、在焦点公司董事会的任职时间、董事会成员的职能背景、教育程度四个属性已有研究（Westphal，2001；Tuggle et al.，2010；姜付秀等，2009；陈传明等，2010；Kaczmarek et al.，2012）表明与董事会战略决策任务高度相关，基于任务导向属性划分的断裂带在董事会履行战略职责过程中更容易被激活。

此外，从董事会作为战略决策主体的视角看，我国公司制企业董事会中执行董事和独立董事的决策权重很突出。

因此，在借鉴已有研究的基础上，本书把董事会成员类型（是独立董事还是执行董事）、职能背景、教育程度、任期四个与董事会战略任务高度相关的属性作为形成任务导向董事会断裂带的依据。其中董事会成员类型属于结构维度特征，董事会成员的职能背景、教育程度和任期属于认知维度特征。

[1] Kaczmarek S, Kimino S, Pye A. Board Task-related Faultlines and Firm Performance：A Decade of Evidence [J]. Corporate Governance：An International Review, 2012, 20 (4)：337 – 351.

[2] Lau D. C, Murnighan J. K. Demographic Diversity and Faultlines：The Compositional Dynamics of Organizational Groups [J]. The Academy of Management Review, 1998, 23 (2)：325 – 340.

（三）企业战略绩效

董事会战略任务涉及复杂、多维的范畴,[①] 基于不同的研究视角,学者们对董事会战略任务的理解并不相同。

普费弗和萨兰西克（1978）指出,董事会在公司中扮演四类角色:为高级经理人员提供建议和咨询,保证公司获取关键资源,参与公司战略的制定与执行以及评价和监督战略决策过程。扎赫拉和皮尔斯（Zahra and Pearce,1989）认为,董事会的战略任务涵盖了确定公司使命、战略制定、战略执行三个方面。亨克（Henke,1986）、斯泰尔斯和泰勒（Stiles and Taylor,2002）、施密特和鲍尔（Schmidt and Bauer,2006）认为,董事会的战略任务不仅包括评价和批准经理层提出的战略,还包括制定新的战略。亨德里和基尔（Hendry and Kiel,2004）、普格利泽等（Pugliese,2007）认为,董事会的战略任务包括确定公司的愿景、使命和价值、识别重要的战略活动、扫描环境的趋势和发展机会等活动。瑞格洛克（Ruigrok et al.,2006）则把参与战略执行排除在外,认为董事会战略任务表现为"评价和提出不同的战略方案"。因此,董事会战略任务的边界并不清晰且难以确定,这就为进一步的经验验证提供了空间。

本书认为董事会的战略任务包括战略监督和战略参与两个方面,在借鉴已往学者研究的基础上（Zahra and Pearce,1990；Stiles and Taylor,2002；Schmidt and Bauer,2006；Zhang,2010）,把企业战略绩效界定为董事会通过发起、批准、控制和评价战略带来的公司价值的增加。

二、衍生概念界定

尽管有学者认为董事会成员的个体行为和群体行为之间具有相似性,但大量研究表明,在群体情境下董事会成员的认知模式和社会动态性会变得更加复杂。因为在异质性董事会中,群体断裂带的存在会激发社会分类过程,

---

① Pugliese A, Zhang P. Board Members' Contribution to Strategic Decision – Making in Small Firms [J]. Journal of Management Governance, 2007, 11 (4): 383 – 404.

导致董事会成员之间产生"我们—他们"的分离（如图 3.1（a）所示）。尤其当董事会中存在强断裂带时，信息难以在董事会内部顺畅流动，降低了董事会的战略监督和战略参与有效性。与此相对照，当董事会中群体断裂带强度较弱时，不同子群体成员属性特征之间互有交叉（如图 3.2（b）所示），基于董事会成员的结构特征（如执行董事和非执行董事）所形成的断裂带被子群体成员认知特征的重叠所稀释。此外，子群体之间具有重叠身份特征的成员可以作为不同子群体间的桥梁和纽带，促进了不同子群体间的良性互动。例如董事会成员 1（执行董事身份、具有认知特征 x 和 z）可以作为沟通的桥梁与董事会成员 3 进行沟通（独立董事身份、具有认知特征 w 和 z），这样的沟通联系有利于执行董事和独立董事之间整合认知资源、促进信息共享，增强董事会的战略监督和战略参与有效性。

要深入理解董事会的战略监督和战略参与有效性，需要识别影响董事会效能的前因变量。关于群体断裂带研究的大量文献表明，异质性群体中断裂带的存在会对群体成员满意、关系冲突和信息共享产生影响。在公司治理领域，福布斯和米利肯（1999）、休斯（2005）、波斯特马（Postma et al.，2008）、张（2010）、王斌和童盼（2008）、牛建波和赵静（2012）等学者研究发现，董事会努力程度和信息共享对董事会效能和企业价值具有重要影响。因此，本书借鉴已有学者的研究，把董事会努力程度和信息共享作为反映董事会决策行为的两个关键变量。

（一）董事会努力程度

努力程度是一个群体层面的构念，反映了群体成员对个体预期投入到工作中努力水平的共同信念[1][2]。努力是个体层面的构念，是动机的结果[3]，反映个体任务表现的行为强度。努力程度常常会对组织内成员的行为产生影

① Hackman J. R, Wageman R. Total Quality Management：Empirical，Conceptual and Practical Issues [J]. Administrative Science Quarterly，1995：309 – 342.

② Minichilli A，Zattoni A，Nielsen S，et al. Board Task Performance：An Exploration of Micro – and Macro – Level Determinants of Board Effectiveness [J]. Journal of Organizational Behavior，2012，33（2）：193 – 215.

③ Kanfer R，Wanberg C. R，Kantrowitz T. M. Job Search and Employment：A Personality – Motivational Analysis and Meta – Analytic Review [J]. Journal of Applied Psychology，2001，86（5）：837.

响，特别是在像董事会这样相互依存的组织中①。汉布里克等（2008）强调了董事会成员在准备、分析和积极参与董事会会议方面努力程度的重要性。强的努力程度预期可以提高群体内成员的努力水平，进而有助于提高群体效能。

本书借鉴福布斯和米利肯（1999）、波斯特马等（2008）、米尼基利等（2012）以及王斌和童盼（2008）的研究成果，把董事会努力程度界定为在董事会会议前对信息的搜寻程度和对董事会会议的参与程度。积极搜寻强调除了管理层提供的报告之外，董事们积极准备董事会会议，搜寻公司层面的特有信息。参与程度关系到董事参与董事会会议的意愿和能力，既包括在何种程度上参与讨论以及随后的决策制定，也包括董事会成员提出有益的问题以及建设性地干预公司高层管理者决策的意愿和能力。

（二）董事会信息共享

从认知信息决策的视角来看，董事会决策过程本质上就是董事会成员在对决策任务信息进行处理的基础上，达成决策方案的信息加工过程①。群体决策之所以被认为优于个体决策，原因在于决策时群体成员都期望能考虑各种不同来源的信息，并把这些信息整合后做出更佳的决策。这些信息既包括被群体成员共同拥有的共享信息（Shared Information），也包括决策开始之前仅仅为群体成员个人拥有的非共享信息（Unshared Information）。所以，本书把董事会信息共享界定为信息在董事会内部不同子群体、不同成员间的交流、分享与共用。

第二节　模型构建

一、任务导向董事会断裂带与企业战略绩效

根据资源基础观（RBV），企业拥有了有价值的、稀缺的、不可模仿和

---

① Zhang P. Board Information and Strategic Tasks Performance ［J］. Corporate Governance：An International Review，2010，18（5）：473－487.

不可替代的资源，企业就具有了获得持续竞争优势的潜力①，而要把这种潜力转化为现实的价值优势，离不开对企业拥有资源的整合。在模糊以及高度复杂、动态的竞争环境中，企业整合、构建、重新配置其内外部资源的能力尤为重要。在 RBV 框架下，董事会成员多样化的知识和专长构成了企业独特的、难以模仿和复制的资源。董事会成员拥有的知识涉及公司、行业、竞争对手、顾客、供应商、信息技术等方面，一定程度上反映了董事会成员对公司运营的熟悉程度，这些知识是公司的无形资产，其效用难以替代，也是董事会有效履行各项战略任务的重要能力来源。

社会认同理论认为，人们倾向于根据性别、种族、国籍、教育背景、职业经验等属性特征把自己和他人归入不同的社会类别，并基于不同的类别特征来定义自我；不同类别中的个体具有很强的自我审视与评价意识，出于维护自身高自尊的需要进行社会比较，赋予自己所属子群体积极评价，把消极评价强加给其他子群体；个体对某个特定的角色或社会类别的认同，会弱化其对整个组织的认同。② 董事会的有效性取决于董事的能力和履职的动机，③董事会成员与情境相关的角色认同对理解董事会成员的行为和效能至关重要，如果董事会成员多重认同相互竞争的话，会削弱董事会的战略监督和战略参与有效性，因此代价巨大。④

我国上市公司董事会成员由于履行的角色不同而具有不同的社会身份，当董事会成员的结构特征（指成员类型是独立董事还是执行董事）与认知特征（包括职能背景、教育程度、董事任期）排列导致的相对同质子群体出现时，群体断裂带就会浮现出来。在断裂带强度较大的情况下，董事会成员对子群体的认同甚至会超过对整个董事会和股东价值的认同⑤。董事会成员之

---

① Barney J. Firm Resources and Sustained Competitive Advantage [J]. Journal of Management, 1991, 17 (1): 99 – 120.

② Tajfel H, Turner J. C. The Social Identity Theory of Intergroup Behavior [J]. Psychology of Intergroup Relations, 1986 (81): 7 – 24.

③ Pye A, Pettigrew A. Studying Board Context, Process and Dynamics: Some Challenges for the Future [J]. British Journal of Management, 2005, 16 (s1): S27 – S38.

④ Hillman A. J, Nicholson G, Shropshire C. Directors' Multiple Identities, Identification and Board Monitoring and Resource Provision [J]. Organization Science, 2008, 19 (3): 441 – 456.

⑤ Kaczmarey S, Kimino S, Pye A. Board Task-related Faultlines and Firm Performance: A Decade of Evidence [J]. Corporate Governance: An International Review, 2012, 20 (4): 337 – 351.

间的认同冲突会影响董事会内部的社会动态性，"我们—他们"的态度会加速董事会的分裂，破坏董事会对战略决策资源的整合过程，影响对个体董事资源的识别、获取、配置和使用，弱化董事会战略监督和战略参与有效性，进而对企业战略绩效产生消极的影响。

二、任务导向董事会断裂带、董事会决策行为与企业战略绩效

（一）任务导向董事会断裂带与董事会决策行为

已有学者关于董事会多样性的研究大都以人口统计特征作为董事会决策行为的代理变量，其隐含的假设是董事会决策行为差异来源于董事会成员性别、年龄、种族、教育背景等人口统计特征的差异，这就使得董事会决策行为过程成为一个"黑箱"。尽管有学者认为董事会成员的个体行为和群体行为之间具有相似性，但大量研究表明，在群体情境下董事会成员的认知和行为会变得更加复杂（如 West，2007；Tuggle et al.，2010；Lim et al.，2013），所以在考察董事会构成对董事会决策行为及战略绩效的影响时，与董事会内部社会动态性相关的问题（如董事会群体断裂问题）必须加以考虑（Kaczmarek et al.，2012）。

如前所述，在社会认同视角下，董事会成员倾向于根据不同的属性特征进行自我分类，并出于维护高自尊的需要进行自我评价和自我提升，处于同一类别中的个体共享相同的情感，对于所处群体和群体成员表现出高度的社会认同[①]。子群体成员间的社会认同将导致"内群体—外群体"的感知，积极自尊的需求会驱动个体赋予他们所属子群体积极评价，而将消极评价强加于其他群体。这种自我分类和自我提升的过程容易造成不同子群体间的刻板印象，导致群体偏见。所以根据社会认同理论的基本观点，当董事会中存在强断裂带时，同一子群体内部成员之间将会产生更加愉快的互动[②]，不同子

---

① Tajfel H. Individuals and Groups in Social Psychology [J]. British Journal of Social and Clinical Psychology, 1979, 18 (2): 183 – 190.

② Cronin M. A, Bezrukova K, Weingart L. R, et al. Subgroups within a Team: The Role of Cognitive and Affective Integration [J]. Journal of Organizational Behavior, 2011, (32): 831 – 849.

群体之间则会导致人际冲突的增加和彼此之间的不信任，影响了董事会成员对董事会的承诺和决策行为。

学者们的研究已经明确把董事会群体断裂带与董事会承诺、关系冲突和信息处理能力联系在一起（如 Hutzschenreuter and Horstkotte, 2013；Tuggle et al., 2010；Bezrukova et al., 2009；Dahlin, Weingart and Hinds, 2005；Gibson and Vermeulen, 2003）。如李和汉布里克（2005）对中国北京、上海、广东三地 71 个中外合资企业高管团队群体断裂带进行的实证研究表明[1]，高管团队群体断裂带强度越大，团队越容易分裂，而团队分裂将带来行为的解体，从而导致低水平（甚至是零水平）的信息共享与交流互动。卡梅利（2009）研究发现，由于断裂带存在导致的群体行为碎裂度越高，成员彼此之间分享的信息和资源就越少，决策效率和质量就越低。[2] 别兹鲁科夫和耶恩（2010）研究发现，当高管团队存在强断裂带时，同一子群体内部的成员之间将会产生更加愉快的互动，不同子群体之间则会导致关系冲突的增加和彼此的不信任，弱化了团队成员的努力程度。[3] 塔格尔等（2010）对美国上市公司董事会中基于职能背景、行业背景和任期所形成的断裂带进行了研究，发现当董事会中存在强断裂带时，会使得董事会成员之间信息交流的难度上升，减少了董事会成员围绕公司创业问题进行的讨论。[4] 卡奇马雷克等（2012）基于对英国上市公司董事会群体断裂带的研究发现，董事会成员基于任务导向属性特征形成的断裂带影响了董事会成员对公司和董事会的认同，减少了独立董事和执行董事子群体间的建设性对话，削弱了公司

---

① Li J, Hambrick D. C. Factional Groups: A New Vantage on Demographic Faultlines, Conflict and Disintegration in Work Teams [J]. Academy of Management Journal, 2005, 48 (5): 794 – 813.

② Carmeli A. Positive Work Relationships, Vitality and Job Performance [J]. Research on Emotion in Organizations, 200 (5): 45 – 71.

③ Jehn K. A, Bezrukova K. The Faultline Activation Process and the Effects of Activated Faultlines on Coalition Formation, Conflict and Group Outcomes [J]. Organizational Behavior and Human Decision Processes, 2010, 112 (1): 24 – 42.

④ Tuggle C. S, Schnatterly K, Johnson R. A. Attention Patterns in the Boardroom: How Board Composition and Processes Affect Discussion of Entrepreneurial Issues [J]. Academy of Management Journal, 2010, 53 (3): 550 – 571.

董事会的凝聚力，并最终影响了公司绩效。[①]

所以，董事会作为公司治理领域的特殊决策群体，其群体断裂带会对董事会决策行为产生影响，从事实上已经证实了这一关系的存在。

（二）董事会决策行为与企业战略绩效

尽管组织行为学领域的学者们已经对群体行为进行了大量研究（Hackman and Morris，1975；Bettenhausen et al. ，1991；Cohen and Bailey，1997），但是董事会作为"大型、精英、偶然发生的与复杂战略决策问题相关的工作群体（Forbes and Milliken，1999）"，对其决策行为过程进行研究还是具有独特的意义。福布斯和米利肯（1999）指出，董事会作为特殊决策群体具有以下几方面特征[②]：（1）规模比其他工作群体大；（2）主要由隶属于其他企业的外部人组成（因此关于公司层面的知识相对欠缺）；（3）因为董事会成员每年会面6～12次，所以是偶然发生；（4）缺乏具体的可识别的结果，如董事会不负责执行战略，其结果完全是认知层面的。这些特征使得董事会极易遭受过程损失的影响。

根据委托代理理论的基本思想，董事会作为股东的委托人，其主要职责是对经理人员实施积极的控制，以保护股东利益免受经理人员机会主义行为的侵害（Jensen and Meckling，1976）；从资源依赖理论的视角来看，董事会作为公司的精英群体，能够为管理层提供建议和咨询，为组织运营提供关键资源，降低组织对外部环境的依赖（Daily and Dalton，1994；Hillman et al. ，2000；Huse et al. ，2012）。而无论是战略监督职能还是战略参与职能，都会受董事会决策行为的影响，这一点已经在大量经验研究中得以证实（如 Zona and Zattoni，2007；Postma et al. ，2008；Payne，2009；Zhang，2010；Kaczmarek et al. ，2012）。

如福布斯和米利肯（1999）指出，董事会成员投入到公司业务上的时间

---

① Kaczmarek S, Kimino S, Pye A. Board Task – Related Faultlines and Firm Performance：A Decade of Evidence ［J］. Corporate Governance：An International Review，2012，20（4）：337 – 351.

② Forbes D. P, Milliken F. J. Cognition and Corporate Governance：Understanding Boards of Directors as Strategic Decision – Making Groups ［J］. Academy of Management Review，1999，24（3）：489 – 505.

（即努力程度）在很大程度上决定了董事会对股东利益的保护程度和战略参与能力。王斌和童盼（2008）研究表明，董事会成员的努力程度与公司业绩显著正相关，董事会行为对公司绩效的影响比董事会结构更直接。汉斯（Hans et al.，2008）基于对新西兰上市公司的研究发现，努力程度、认知冲突和使用知识有利于董事会更好地履行监督和战略参与职能。米尼基利等（2009）研究表明，董事会成员之间的战略辩论和信息共享有利于提高董事会的建议咨询有效性，进而带来企业价值的增加。[①]佩恩等（Payne et al.，2009）基于团队过程视角研究发现，决策信息的可获得性与董事会的监督、资源提供以及服务职能显著正相关。张（2010）研究发现，董事会拥有信息和有效地使用信息，有利于提高董事会战略任务绩效，促进企业竞争优势的获取和延续。伊志宏等（2011）研究表明，董事会努力程度与公司未来的经营业绩之间表现出显著的正相关关系，忙碌的董事会提高了 CEO 被迫离职与公司业绩之间的敏感性。

综合已有学者的研究，我们认为董事会决策行为在微观层面上是决定董事会战略监督和战略参与有效性的重要因素[②]。由于企业战略绩效是董事会效能的直接外在表现，因此本书认为董事会决策行为与企业战略绩效息息相关。

（三）董事会决策行为对任务导向董事会断裂带与企业战略绩效的中介作用

关于团队和知识工作群体的研究表明，在团队属性、有效性和组织后果之间存在因果联系（Cohen and Bailey，1997；Kirkman and Rosen，1999；Marks et al.，2001；Payne et al.，2009；Kaczmarek et al.，2012）。通过对团队有效性文献进行拓展，公司治理领域的学者们开始基于团队过程视角考察董事会构成、行为与效能之间的关系。在福布斯和米利肯（1999）开创性的工作中，作者整合了公司治理和团队有效性的文献，指出董事会有效性研究与组

---

① Minichilli A, Zattoni A, Zona F. Making Boards Effective: An Empirical Examination of Board Task Performance [J]. British Journal of Management, 2009, 20 (1): 55 – 74.

② Kaczmarek S, Kimino S, Pye A. Board Task – Related Faultlines and Firm Performance: A Decade of Evidence [J]. Corporate Governance: An International Review, 2012, 20 (4): 337 – 351.

织行为学领域普通工作群体研究具有相似之处，可以遵循相同的流程。①

众所周知，董事会的战略决策很大程度上受制于董事会成员的认知能力、知识构成和行业背景等因素，因此，战略决策过程本质上是面向企业价值创造的认知整合过程。由于群体断裂带是董事会内部发生分裂的前瞻性表现，从国外已有文献来看，学者们的研究大都表明，董事会群体断裂带的存在会对董事会决策行为和组织后果产生消极的影响②③。通过前述对董事会决策行为与企业战略绩效的分析可知，董事会决策行为是影响企业战略绩效的关键因素和逻辑前身，结合前述论证，本书认为任务导向董事会断裂带对企业战略绩效的影响是通过董事会决策行为来传导的，即董事会决策行为在任务导向董事会断裂带和企业战略绩效之间发挥着中介作用。

任务导向董事会断裂带、决策行为、企业战略绩效的作用逻辑如图 3.2 所示。

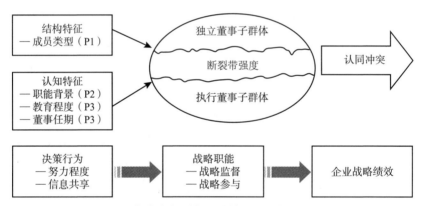

图 3.2　任务导向董事会断裂带、决策行为与战略绩效的作用逻辑

资料来源：笔者整理。

---

① Forbes D. P, Milliken F. J. Cognition and Corporate Governance：Understanding Boards of Directors as Strategic Decision – Making Groups［J］. Academy of Management Review, 1999, 24（3）：489 – 505.

② Tuggle C. S, Schnatterly K, Johnson R. A. Attention Patterns in the Boardroom：How Board Composition and Processes Affect Discussion of Entrepreneurial Issues［J］. Academy of Management Journal, 2010, 53（3）：550 – 571.

③ Kaczmarek S, Kimino S, Pye A. Board Task – Related Faultlines and Firm Performance：A Decade of Evidence［J］. Corporate Governance：An International Review, 2012, 20（4）：337 – 351.

三、任务导向董事会断裂带、董事会情境与企业战略绩效

多样性团队中群体断裂带与群体效能之间的相关性是战略管理、公司治理和组织行为学研究领域中的一个重要问题，近年来这一问题引起了国内外学者的广泛关注。学者们关于群体断裂带与群体效能的研究大致可以分为两大类：一类是研究群体断裂带对群体行为的影响，然后再检验这种影响对群体效能的最终影响，可以称之为间接检验（如 Gibsont Vermeulen，2002；Barkema and Shvyrkov，2007；Tuggle et al.，2010；周建和李小青，2012；陈悦明等，2012；Lim et al.，2013 等）。第二类就是直接检验群体断裂带与群体效能之间的关系，称之为直接检验（如 Li and Hambrick，2005；Bezrukova et al.，2009；Minichilli et al.，2010；Knippenberg et al.，2011；Bezrukova，2012；Kaczmarek et al.，2012 等）。

尽管苏和默宁翰（1998）认为群体断裂带对群体效能会产生破坏性的作用[①]，但关于任务导向董事会断裂带究竟如何影响企业战略绩效，已有研究并不能提供一个清晰的理解（Thatcher et al.，2012），这意味着有必要考察董事会情境因素对二者关系的调节。董事会情境因素包括个人层面和群体层面两大类，涉及复杂多维的范畴。本书基于我国全流通时代的制度背景和高权力距离的文化情境，集中于考察董事长职能背景和董事会持股比例两个情境变量对任务导向董事会断裂带与企业战略绩效关系的影响。

（一）董事长职能背景调节作用

已有研究表明（Cruz et al.，1999；毕鹏程、朗淳刚和席西民，2005；李磊等，2012；张燕和侯立文，2013），领导特质在群体决策研究中占有重要的地位和作用。在董事会中最有影响力的是董事长，其行为方式在一定程度上决定了董事会的决策文化（Roberts et al.，2005），所以董事长采取何

[①] Lau D. C, Murnighan J. K. Demographic Diversity and Faultlines: The Compositional Dynamics of Organizational Groups [J]. The Academy of Management Review, 1998, 23 (2): 325 – 340.

种领导风格，无疑会对董事会成员的行为和效能产生重要影响。从团队生产过程的视角（Team Production Process）来看，董事会成员之间的合作能够产生"1＋1＞2"的结果，为了取得积极的行为后果，需要董事长来引导董事会成员融合成一个有凝聚力的群体，同时使每个董事感觉到他们是同等重要的（Huse，2007）。

在尊重权威、权力距离大的中国，不同职位的高管人员在企业战略决策制定和实施过程中扮演的角色并不相同。在中国独特的制度和文化背景下，尽管 CEO 在公司中负责日常运营，但董事长是激励和领导整个董事会的核心人物，在董事会中扮演着"管弦乐演奏家"的角色，需要协调、整合团队中每个成员的知识、能力和信息以提高团队效能（Wu，Tsui and Kinicki，2010）。因此，董事长的领导风格对决定董事会成员的行为和效能至关重要，而董事长的领导风格与其人口统计特征息息相关。人口统计特征因性质不同而对组织后果具有不同的影响，与工作的关联程度是学者们进行指标选择时常用的标准（Webber and Donahue，2001）。相比较而言，董事长职能背景与工作的关联程度要高于年龄、任期和教育程度（张龙和刘洪，2009），所以本书主要探讨董事长职能背景对任务导向董事会断裂带与企业战略绩效关系的调节。

个体先前的职能经历是影响其认知和行为的重要因素，决定了个体如何看待问题、提出问题以及解决问题的方式，所以董事长的职能背景，即董事长是通才还是专才会对其认知模式和行为方式产生影响。而董事长的认知模式和行为方式在一定程度上会左右董事会的决策议程（Tuggle et al.，2010），影响公司的董事会文化。因此，本书认为董事长职能背景将会对任务导向董事会断裂带与企业战略绩效之间的关系产生调节作用。

（二）董事会持股比例调节作用

行为科学家认为，激励是个体行为和效能之间的关键调节变量。国内外学者关于董事会激励的研究由来已久，如伯利和米恩斯（1932）、詹森和麦克林（1976）指出，让管理者拥有一定的股份，有利于实现管理层和股东之间的激励相容，降低代理成本。①② 韦斯特法尔（1999）基于资源依赖理论视角的研究发现，提高董事会持股水平有利于降低群体决策成本，促进董事会成员对公司战略问题的建议和咨询。③ 希尔曼和达尔希尔（2003）指出，受激励程度高的董事会成员和受激励低的董事会成员相比，前者在监督管理层和为管理层提供建议咨询方面会表现出更高的努力程度。④ 于东智（2001）、游春（2010）研究发现股权激励与公司绩效显著正相关。⑤⑥ 卡奇马雷克等（2012）研究表明，提高董事会成员与绩效相关的薪酬有利于弱化董事会群体断裂带对公司绩效的影响。⑦

　　群体断裂带的存在使得董事会内部不同子群体之间出现认同冲突，而提高董事会成员持股比例有利于建立不同子群体成员对整个董事会和股东价值的超级认同，弱化任务导向董事会断裂带对企业战略绩效的消极影响。因此，本书认为董事会持股比例能够对任务导向董事会断裂带与企业战略绩效之间的关系产生调节作用。

　　基于前述对任务导向董事会断裂带、决策行为、董事会情境与企业战略绩效关系的分析，本书构建的概念模型如图 3.3 所示。

　　在图 3.3 中，任务导向董事会断裂带既直接对企业战略绩效产生影响，也影响董事会决策行为间接地作用于企业战略绩效。董事长职能背景和董事会持股比例调节了任务导向董事会断裂带与企业战略绩效之间的关系。

---

　　① Berle A. A, Means G. G. C. The Modern Corporation and Private Property [M]. Transaction Publishers, 1991.

　　② Jensen M. C, Meckling W. H. Theory of the Firm: Managerial Behavior, Agency Costs and Ownership Structure [J]. Journal of Financial Economics, 1976, 3 (4): 305 - 360.

　　③ Gulati R, Westphal J. D. Cooperative or Controlling? The Effects of CEO - Board Relations and the Content of Interlocks on the Formation of Joint Ventures [J]. Administrative Science Quarterly, 1999, 44 (3): 473 - 506.

　　④ Hillman A. J, Dalziel T. Boards of Directors and Firm Performance: Integrating Agency and Resource Dependence Perspectives [J]. Academy of Management Review, 2003, 28 (3): 383 - 396.

　　⑤ 于东智. 股权结构, 治理效率与公司绩效 [J]. 中国工业经济, 2001 (5): 54 - 62.

　　⑥ 游春. 股权激励, 董事会, TMT 团队与经营绩效——基于中国上市公司的实证分析 [J]. 管理评论, 2010, 22 (9): 3 - 13.

　　⑦ Kaczmarek S, Kimino S, Pye A. Board Task - Related Faultlines and Firm Performance: A Decade of Evidence [J]. Corporate Governance: An International Review, 2012, 20 (4): 337 - 351.

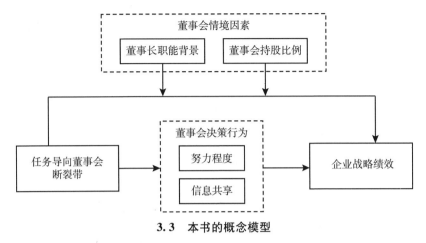

3.3　本书的概念模型

资料来源：笔者整理。

第三节　中介效应与调节效应的内涵及检验思路

一、中介效应的内涵及检验思路

（一）中介效应的内涵

考虑自变量 x 对因变量 y 的影响，如果 x 通过影响变量 m 来影响，则称 m 为中介变量。[1] 例如，在员工创新行为研究中，组织创新气氛通过对员工心理授权的影响作用于员工创新行为，其中"员工心理授权"为中介变量[2]。

在变量已经通过标准化处理的前提下，可以用图 3.4 所示的路径图和相应的方程式来刻画变量之间的关系。

---

① 温忠麟，侯杰泰，张雷. 调节效应与中介效应的比较和应用 [J]. 心理学报，2005，37（2）：268－274.

② 刘云，石金涛. 组织创新气氛对员工创新行为的影响过程研究——基于心理授权的中介效应分析 [J]. 中国软科学，2010（3）：133－144.

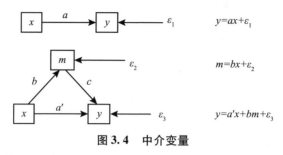

图 3.4　中介变量

资料来源：温忠麟，侯杰泰，张雷. 调节效应与中介效应的比较和应用［J］. 心理学报，2005，37（2）：268 - 274.

其中，a 是 x 对 y 的总效应，bc 是经过中介变量 m 作用的中介效应，a' 是直接效应。当只有一个中介变量时，效应之间表现为如下关系：$a = a' + bc$，中介效应的大小用 $a - a' = bc$ 来衡量。

（二）中介效应的检验思路

本书根据巴伦和肯尼（Baron and Kenny，1986）开发的程序对董事会决策行为的中介效应进行检验。巴伦和肯尼（1986）认为，验证中介效应包括四个关键的步骤：（1）自变量必须显著影响因变量；（2）自变量必须显著影响假设的中介变量；（3）控制了自变量的影响之后，中介变量必须显著影响因变量；（4）引入中介变量以后，自变量对因变量的解释力度必须减弱。当自变量的回归系数减小到不显著时，说明中介变量起到完全中介作用，即自变量完全通过中介变量来影响因变量。当自变量的回归系数减弱但仍然显著时，则说明中介变量只起到部分中介作用，即自变量一方面通过中介变量影响因变量，另一方面也直接对因变量发生作用。[①]

根据这一思路，本书利用层级回归技术，对董事会决策行为在任务导向董事会断裂带与企业战略绩效之间所起的中介效应进行检验。

[①]　Baron R. M, Kenny D. A. The Moderator - Mediator Variable Distinction in Social Psychological Research: Conceptual, Strategic, and Statistical Considerations ［J］. Journal of Personality and Social Psychology, 1986, 51 (6): 1173.

二、调节效应的内涵及检验思路

(一)调节效应的内涵

如果变量 y 与变量 x 之间的关系是变量 m 的函数,则称变量 m 是调节变量。即变量 y 与 x 之间的关系受到变量 m 的影响。有调节变量的模型如图 3.5 所示。

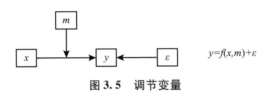

图 3.5　调节变量

资料来源:温忠麟,等.调节效应与中介效应的比较和应用 [J].心理学报,2005,37 (2):268 –274.

调节变量既可以是定性的(如种族、性别等),又可以是定量的(如任期、年龄等),影响因变量和自变量之间关系的强弱和方向。例如,组织创新气氛与员工创新行为之间的关系,往往受到员工激励偏好的影响,在相同的创新气氛下,内在激励偏好高的员工比内在激励偏好低的员工表现出的创新行为更多一些,因此激励偏好就成为组织创新气氛与员工创新行为之间的调节变量。

在进行调节效应分析时,通常要将自变量和调节变量进行中心化处理(温忠麟等,2005)。本书应用如下调节效应模型(见式3.1)。

假设 y 和 x 之间具有如下线性关系:

$$y = ax + bm + cxm + \varepsilon \tag{3.1}$$

对式(3.1)进行数学变换后为:

$$y = bm + (a + cm)x + \varepsilon \tag{3.2}$$

对于固定的 m,式(3.2)是 y 对 x 的直线回归,y 与 x 的关系由回归系数 $a + cm$ 来刻画,表现为 x 线性函数。对式(3.1)中调节效应的分析主要

是检验回归系数 c，如果 c 显著则说明 m 调节效应显著。

（二）调节效应的检验思路

调节效应的检验方法视自变量和调节变量的测量级别而定。变量可以分为类别变量和连续变量两类，其中类别变量包括定类变量和定序变量，连续变量包括定距变量和定比变量。表 3.1 列出了不同类别变量的检验方法。

表 3.1   不同类别变量调节效应检验方法

调节变量（m）	自变量（x）	
	类别	连续
类别	两因素有调节效应的方差分析（ANO-VA）	按 m 的取值分组，做 y 对 x 的回归，若回归系数差异显著则调节效应显著；也可以把类别变量转换为哑变量利用层级回归进行检验
连续	将自变量重新编码为哑变量，将自变量和调节变量进行中心化处理，做 $y = ax + bm + cxm + \varepsilon$ 的层次回归，具体分为两步：（1）做 y 对 x 和 m 的回归，得判定系数 R_1^2；（2）做 y 对 x、m 和 xm 的回归得 R_2^2，若 R_2^2 显著高于 R_1^2，则调节效应显著。或者，做 xm 的回归系数检验，若显著则调节效应显著	将自变量和调节变量中心化，做 $y = ax + bm + cxm + \varepsilon$ 的层级回归分析（同左）。除了考虑交互效应项 xm 外，还可以考虑高阶交互效应项（如 xm^2 表示非线性调节效应，mx^2 表示曲线回归的调节）

资料来源：温忠麟，侯杰泰，张雷. 调节效应与中介效应的比较与应用［J］. 心理学报，2005，37（2）：268－274.

如表 3.1 所示，当自变量和调节变量都是连续变量时，可以用带有交叉项的回归模型做层级回归分析进行检验：第一步，做 y 对 x 和 m 的回归，得到判定系数 R_1^2；第二步，做 y 对 x、m 和 xm 的回归，得判定系数 R_2^2，如果 R_2^2 明显大于 R_1^2，则调节效应显著。或者直接做 xm 偏回归系数进行检验，如果回归系数显著则表明调节效应显著。本书中自变量任务导向董事会断裂带和调节变量董事会持股比例都是连续变量，故可以采用层级回归方法对调节效应进行检验。

当调节变量是类别变量而自变量是连续变量时，可以做分组回归分析进行调节效应检验，或把类别变量转换为哑变量运用层级回归方法进行检验。在本书中由于自变量任务导向董事会断裂带是连续变量，而调节变量董事长职能背景是类别变量（通才还是专才），故既可以通过分组回归的方法对董事长职能背景是否具有调节效应进行检验，也可以把董事长职能背景转换为哑变量（1 代表通才，0 代表专才），然后采用层级回归的方法对调节效应进行检验。

由于董事长职能背景和董事会持股比例两个调节变量的类型并不相同，为了把二者同时纳入回归模型进行分析，本书采用后一种处理方式，即先把董事长职能背景转换为哑变量，然后采用层级回归的方法对董事长职能背景和董事会持股比例两个董事会情境变量的调节效应进行检验。

第四章

决策行为对任务导向董事会断裂带与战略绩效的中介效应

将决策行为作为前因变量来考察董事会与企业价值创造之间的关系，一直是战略管理和公司治理领域学者们关注的热点问题，并取得了颇多有价值的研究成果。国内外学者进行的大量研究表明，董事会决策行为对董事会效能和企业价值具有显著的影响（如 Postma，2008；Zhang，2010；Cornelli et al.，2013；牛建波和李胜楠，2007；王斌和童盼，2008；伊志宏等，2011）。同时，随着学者们对群体断裂带研究的日趋升温，董事会群体断裂带问题也开始引起国内外学者的注意，AMR、AMJ、SMJ 等国际顶级学术期刊也频频刊发相关实证研究成果。由于群体断裂带是董事会内部发生分裂的前瞻性表现，从国外文献来看，已有研究大都表明，董事会群体断裂带会对企业战略选择和价值创造产生消极的影响（Barkema and Shvyrkov，2007；Tuggle et al.，2010；Minichilli et al.，2010；Kaczmarek et al.，2012）。然而，关于董事会群体断裂带与企业战略绩效之间中介作用的研究应该说还是空白。

因此本章的目的就在于探讨任务导向董事会断裂带、董事会决策行为和企业战略绩效三者之间的关系，尤其是检验董事会决策行为在任务导向董事会断裂带与企业战略绩效之间的中介作用。

第一节　变量关系假设

一、任务导向董事会断裂带与企业战略绩效

在组织行为学领域，多样性断裂带已经成为学者们关注的热点和焦点，但专门针对董事会进行的研究并不多。以下两个研究比较有代表性：塔格尔等（2010）对职能背景、行业背景、董事任期三类人口学特征形成的断裂带与董事会参与创业问题讨论之间的关系进行了分析，发现群体断裂带的存在对董事会成员关于公司创业问题的讨论产生了负面影响。卡奇马雷克等（2012）研究发现，董事会成员类型、董事任期、教育背景、财务背景四个人口学特征形成的断裂带与企业价值显著负相关。[①] 厄尔利和莫萨科夫斯基（Earlyt and Mosakowski，2000）对群体断裂带与产出变量之间的作用机理进行了分析，认为群体断裂带强度越大，子群体就越稳定越安全；这使得成员对自己所属的子群体更有归属感，产生更多的社会认同，更愿意为自己所属的子群体利益努力，甚至不惜损害团队的整体利益[②]。

就董事会而言，当基于成员类型、职能背景、教育程度和董事任期把董事会划分为不同的子群体时，由于和董事会履行战略任务的情境直接相关，这样的断裂带很容易被激活。同时，这种基于任务导向属性特征的聚合会导致董事会成员"认同"的相互作用。断裂带的存在意味着董事会中存在不同的子群体，同一子群体内部成员间具有相同的认同，然而不同子群体间认同并不相同。例如，刚刚被任命、具有硕士学位和金融背景独立董事的认同和在公司任职很长时间、具有学士学位和生产背景执行董事的认同会明显不同。

[①] Kaczmarek S, Kimino S, Pye A. Board Task – Related Faultlines and Firm Performance: A Decade of Evidence [J]. Corporate Governance: An International Review, 2012, 20 (4): 337 – 351.

[②] Earley C, Mosakowski E. Creating Hybrid Team Cultures: An Empirical Test of Transnational Team Functioning [J]. Academy of Management Journal, 2000, 43 (1): 26 – 49.

当群体断裂带强度较大时，董事会成员对子群体的认同，甚至比对整个董事会的认同更加突出。基于任务相关的属性产生的子群体间的认同冲突，很可能会影响董事会成员对整个公司、董事会、作为 CEO、董事或股东价值的认同。例如，当独立董事感觉自己对公司的贡献得不到承认时，他们对公司和董事会的认同强度可能会弱化；而每天"浸泡"在公司的执行董事对 CEO 可能会表现出更高程度的认同，而非作为一名公司的董事会成员①。与此类似，任期长的董事可能对新入职者隐瞒信息，这反过来影响了后者对其董事角色以及整个董事会的认同。结果，由于断裂带存在导致的董事会成员认同的相互作用，会影响董事会内部的社会动态性，"我们—他们"的态度会加速董事会的分裂，从而造成过程损失和管理低效，降低了董事会的战略监督和战略参与能力（Hillman et al.，2012）②，最终对企业战略绩效产生消极的影响。

基于以上论证，本书提出如下假设：

H1：任务导向董事会断裂带强度越大，企业战略绩效越差。

二、任务导向董事会断裂带与董事会决策行为

（一）任务导向董事会断裂带与努力程度

社会认同理论（Social Identity Theory）认为，人们倾向于根据不同的属性特征把自己和他人归入不同的社会类别，处于同一类别中的个体共享相同的情感，并以相同的方式来定义自我，对于所处群体和群体成员表现出高度的社会认同。③ 子群体成员间的社会认同将导致"内群体—外群体"的感知，积极自尊的需求会驱动个体赋予他们所属子群体积极评价，而将消极评

---

① Kaczmarek S, Kimino S, Pye A. Interlocking Directorships and Firm Performance in Highly Regulated Sectors: The Moderating Impact of Board Diversity [J]. Journal of Management & Governance, 2012: 1 - 26.

② Withers M. C, Corley K. G, Hillman A. J. Stay or Leave: Director Identities and Voluntary Exit from the Bboard during Organizational Crisis [J]. Organization Science, 2012, 23 (3): 835 - 850.

③ Tajfel H. Individuals and Ggroups in Social Psychology [J]. British Journal of Social and Clinical Psychology, 1979, 18 (2): 183 - 190.

价强加于其他群体，子群体间的刻板印象和群体偏见导致群体冲突加剧、凝聚力下降。

所以根据社会认同理论的基本观点，当群体中存在断裂带时，同一子群体内部成员之间将会产生更加愉快的互动[①]，不同子群体之间则会导致人际冲突的增加和彼此之间的不信任，影响了群体成员对组织的承诺和努力程度。大量学者的研究支持了这一观点，如里科等（2007）、耶恩和别兹鲁科夫（2010）、克罗宁等（2011）和扎努托等（2011）研究发现，群体断裂带强度与群体满意水平和努力程度之间存在负相关关系。撒切尔和派特尔（2011）研究结果表明，强断裂带的存在会降低群体绩效和群体满意度，导致群体成员努力程度的下降。

董事会的有效性取决于董事会的能力和当责的动机，即努力程度[②]。董事会成员认同一个独特的身份或社会分类，突出了个体认同的显著性，会在一定程度上对董事会的努力程度产生影响。默勒曼（2005）指出，如果多重认同相互作用的话，这种认同多重性会损害个体对组织的承诺，因此成本高昂[③]。考虑到我国上市公司董事会群体断裂带的内生性，及其履行角色和从属社会类别导致的认同多重性的现实，当董事会成员多重属性特征排列导致的同质子群体出现时，董事会成员之间可能出现认同冲突。当断裂带强度较大时，董事会成员对子群体的认同甚至会超过对公司董事会和股东价值的认同，从而损害了董事会的凝聚力，降低了董事会成员的努力程度。所以，任务导向董事会断裂带对董事会成员的努力程度会产生消极的影响。

基于以上论证，本书提出如下假设：

H2：任务导向董事会断裂带强度越大，董事会努力程度越低。

（二）任务导向董事会断裂带与信息共享

从信息决策理论的视角来看，董事会决策过程本质上就是董事会成员在

① Cronin M. A, Bezrukova K, Weingart L. R, et al. Subgroups within a Team: The Role of Cognitive and Affective Integration [J]. Journal of Organizational Behavior, 2011, (32): 831 – 849.

② Roberts J, Mcnulty T, Stiles P. Beyond Agency Conceptions of the Work of the Non – Executive Director: Creating Accountability in the Boardroom [J]. British Journal of Management, 2005, 16 (s1): S5 – S26.

③ Molleman E. The Multilevel Nature of Team – Based Work Research [J]. Team Performance Management, 2005, 11 (3/4): 113 – 124.

对信息处理的基础上，达成决策方案的信息加工过程。① 群体决策之所以被认为优于个体决策，原因在于决策时群体成员都期望能考虑各种不同来源的信息，并把这些信息整合后做出更佳的决策。这些信息既包括被群体成员所共同拥有的共享信息（Shared Information），也包括决策开始之前仅仅为群体成员个人所有的非共享信息（Unshared Information）。斯塔瑟（Stasser，1992）研究发现，决策时群体更注重讨论共享信息而忽视了非共享信息，从而导致他们不能发现隐藏信息，即群体决策中存在着"信息取样偏差（Sampling Bias）"②。

在群体成员质疑、反馈、交流、共享信息过程中，心理安全感至关重要③，弱势群体断裂带的存在有利于群体成员认同其他成员的观点，而不管他们是否属于同一子群体，这样其他子群体成员提出的观点可能会激发新的思维。此外，在弱断裂带环境下，群体成员可能更愿意表达自己的观点而不必考虑被拒绝的威胁，从而能够最大限度地发挥群体成员认知多样性的益处。所以董事会中弱断裂带的存在作为"健康的区分"，有助于克服决策过程中的信息取样偏差，增加董事会成员的思维弹性，促进董事会成员之间的信息共享。

与此相对照，在强断裂带环境下，子群体成员拥有的信息可能非常有价值，但是由于刻板印象的存在，信息在解释过程很可能会被忽视或扭曲，所以在整个群体中传播会非常困难（Li and Hambrick，2005）。此外，由于社会分类过程的存在，不同子群体成员之间持消极的态度和负面评价，导致子群体之间人际关系紧张④。利姆等（2013）研究结果表明⑤，强群体断裂带

① Zhang P. Board Information and Strategic Tasks Performance [J]. Corporate Governance: An International Review. 2010, 18 (5): 473 – 487.

② Stasser G. Information Salience and the Discovery of Hidden Profiles by Decision – Making Groups: A "Thought Experiment" [J]. Organizational Behavior and Human Decision Processes, 1992, 52 (1): 156 – 181.

③ Forbes D. P, Milliken F. J. Cognition and Corporate Governance: Understanding Boards of Directors as Strategic Decision – Making Groups [J]. The Academy of Management Review, 1999, 24 (3): 489 – 505.

④ Thatcher S. M. B, Patel P. C. Group Faultlines A Review, Integration, and Guide to Future Research [J]. Journal of Management, 2012, 38 (4): 969 – 1009.

⑤ Lim JoAnne Yong – Kwan, Busenitz L. W, Chidambaram L. New Venture Teams and the Quality of Business Opportunities Identified: Faultlines between Subgroups of Founders and Investors [J]. Entrepreneurship Theory and Practice, 2013, 37 (1): 47 – 67.

阻碍了群体成员之间自由的信息交换和知识共享，而群体成员间良好的人际关系有助于促进知识和信息的流动。卡奇马雷克等（2012）基于英国金融时报上市公司的研究表明，董事会中的强断裂带环境会增强子群体内成员的安全感，导致董事会成员更加认同子群体而非整个董事会[1]，不同子群体间的人际冲突和歧视增加，妨碍了董事会内部的交流、合作、黏性、信任等基本的决策行为过程。由于子群体之间的交流崩溃，董事会无法充分利用其团队成员的知识，影响了董事会成员之间的信息共享。因此，任务导向董事会断裂带强度对董事会成员之间的信息共享具有消极的影响。

基于以上论证，本书提出如下假设：

H3：任务导向董事会断裂带强度越大，董事会信息共享越少。

三、董事会决策行为与企业战略绩效

（一）董事会努力程度与企业战略绩效

福布斯和米利肯（1999）指出，董事会成员对公司投入的努力程度不同，董事之间存在很大差异，这些差异在一定程度上决定了董事会对企业战略绩效贡献的大小[2]。同样，洛尔施（Lorsch，1989）认为，那些对自己的工作投入了足够多的时间并积极主动获取信息的董事，能够更有效地预防和管理危机，稳定时期能够有效地治理。

委托代理理论认为[3]，所有权与经营权的分离使得委托人和代理人具有不同的目标偏好和价值取向，委托人通常比代理人拥有更多的关于公司与自身行动的信息，委托人和代理人之间信息的不均匀分布，即存在信息不对称。信息不对称在委托代理逻辑下是一个非常重要的概念，因为如果信

---

① Kaczmarek S, Kimino S, Pye A. Board Task – Related Faultlines and Firm Performance: A Decade of Evidence [J]. Corporate Governance: An International Review, 2012, 20 (4): 337 – 351.

② Forbes D. P, Milliken F. J. Cognition and Corporate Governance: Understanding Boards of Directors as Strategic Decision – Making Groups [J]. The Academy of Management Review, 1999, 24 (3): 489 – 505.

③ Jensen M. C, Meckling W. H. Theory of the Firm: Managerial Behavior, Agency Costs and Owner-ship Structure [J]. Journal of Financial Economics, 1976, 3 (4): 305 – 360.

息在委托人和代理人之间均匀分布的话，委托人就能够直接监督代理人、制止代理人的机会主义行为，代理问题就不会产生①。为了防止代理问题的发生，委托人或者设计实现委托人和代理人之间激励相容的契约，或者增加其自身拥有的信息以降低信息不对称程度（Rutherford and Buchholtz, 2007）。

从委托代理理论的视角来看，董事会与管理层之间的关系就是委托代理关系，董事会是委托人，管理层是代理人。董事会处于公司控制层级的顶端，拥有接受或拒绝管理层倡议的权力，并对管理层进行监督②。但是，由于管理层拥有关于公司经营状况的私人信息，董事会尤其是独立董事远离公司运作，加之时间和精力分散，董事会和管理层之间存在信息不对称；如果董事会缺乏积极信息搜寻，主要依赖管理层提供的有限的信息进行决策的话，可能会接受管理层提出的自利或损害股东价值的决策。所以，董事会与管理层之间的信息不对称是影响董事会有效履行其战略职责的一个重要因素③。

根据这一逻辑，董事会成员积极地搜寻信息可以缓解董事会与管理层之间的信息不对称程度。具体而言，由于独立董事不在公司任职，且投入公司事务中的时间有限，这使得独立董事与管理层相比，存在天然的信息劣势④。另外，管理层为了避开董事会的监督，也会刻意向独立董事隐瞒公司内部信息⑤。尽管独立董事存在信息劣势，当独立董事通过更加努力地工作以获得更多信息时，有利于促进独立董事自身专业知识与公司特有信息的整合，更容易识别由管理层提供的有偏差的信息，进而克服信息整合过程中的结构劣势，降低取样偏差、提高战略监督和战略参与有效性。所以，董事会成员越努力，越利于提高董事会履行战略职能的有效性。

---

①③ Rutherford M. A, Buchholtz A. K. Investigating the Relationship between Board Characteristics and Board Information [J]. Corporate Governance: An International Review, 2007, 15 (4): 576 –584.

② Fama E. F, Jensen M. C. Agency Problems and Residual Claims [J]. Journal of Law and Economics, 1983, 26 (2): 327 –349.

④ 宁向东，崔弼洙，张颖. 基于声誉的独立董事行为研究 [J]. 清华大学学报：哲学社会科学版，2012, 27 (1): 129 –136.

⑤ 罗党论，唐清泉. 中国民营上市公司制度环境与绩效问题研究 [J]. 经济研究，2009, 2 (108): 106 –118.

王斌和童盼（2008）选取 2004 年 12 月 31 前在沪市发行 A 股的上市公司为研究样本，对董事会决策行为与公司绩效之间的关系进行了检验，研究结果表明董事会成员的努力程度与公司业绩正相关[1]。张（2009）基于挪威上市公司的研究表明，董事会积极搜寻信息能够对战略任务绩效产生积极的影响，有利于增强企业的可持续竞争优势。穆勒－卡尔和卢埃林（Muller－Kahle and Lewellyn，2011）研究发现[2]，更加忙碌、投入更多努力程度的董事会与金融行业次级抵押贷款之间呈显著的负相关关系。科尔内利等（2013）基于欧洲重建和发展银行样本数据的研究表明，董事会成员积极的信息搜寻活动有利于提高董事会监督的有效性，使得董事会能够更好地识别 CEO 能力，并纠正 CEO 能力与公司需求之间的不完美匹配，进而改善了随后的公司绩效[3]。因此，本书认为董事会成员的努力程度对企业战略绩效具有积极的影响。

基于以上论证，本书提出如下假设：

H4：董事会努力程度越高，企业战略绩效越好。

（二）董事会信息共享与企业战略绩效

充分整合公司层面的特有信息决定了董事会对企业价值创造的贡献（Forbes and Milliken，1999）。董事会信息与董事会成员的专业知识和经验直接相关，是构成董事会资本的关键要素[4]。从人口统计特征的角度来看，董事会成员间的异质性信息反映了与工作相关的多样化，是影响董事会监督和战略参与有效性的重要先决条件[5]。

根据 RBV 的思想，董事会成员的知识和信息是企业竞争优势的重要来

---

① 王斌，童盼. 董事会决策行为与公司业绩关系研究——一个理论框架及我国上市公司的实证检验 [J]，中国会计评论，2008，6（3）：255－274.

② Muller－Kahle M. I, Lewellyn K. B. Did Board Configuration Matter？ The Case of US Subprime Lenders [J]. Corporate Governance：An International Review，2011，19（5）：405－417.

③ Cornelli F, Kominek Z, Ljungqvist A. Monitoring Managers：Does It Matter？ [J]. The Journal of Finance，2013，68（2）：431－481.

④ Hillman A. J, Dalzie T. Boards of Directors and Firm Performance：Integrating Agency and Resource Dependence Perspectives [J]. Academy of Management Review，2003，28（3）：383－396.

⑤ Gabrielsson J, Huse M, Minichilli A. Understanding the Leadership Role of the Board Chairperson through A Team Production Approach [J]. International Journal of Leadership Studies，2007，3（1）：21－39.

源（Audretsch and Lehmann，2006），因为董事会信息满足 RBV 观点的两个假设：第一，董事会信息以其行业、职能和教育背景的多样化程度为基础，在董事会成员之间不均匀地分布。第二，董事会信息不完美流动，这一假设可以从已有研究中得到支持，这些研究认为董事们不能轻易地从一个董事会转到另一个董事会（Davis and Thompson，1994；Lorsch and Maclver，1989；Useem，1984；Westphal and Zajac，1995）。由于董事会同时承担多重战略职责，这就要求其成员具有关于公司发展和战略环境的广博知识。

但是在成员个体有限理性的前提下，董事会成员之间的信息共享无疑会加强互补性知识的创造，提高董事会的战略监督和战略参与有效性。具体而言，由于内部董事往往同时也担任公司的高级管理职位，更熟悉公司的市场和已经建立起来的网络，拥有更丰富的公司层面的独特知识；和内部董事相比，独立董事虽然公司层面的知识相对缺乏，但其自身的行业经验能够对公司面临的问题提供独特的视角，更易于发现公司战略管理中存在的问题，有助于提高公司的创新意识，增加公司进行战略创新和战略变革的机会①。

尽管独立董事和执行董事都拥有有价值的知识和信息，但是如果很少或缺乏信息交换的话，有价值的信息很可能会被隐藏起来②。布恩和亨得里克斯（Boone and Hendriks，2009）研究发现，高管团队职能背景多样性本身并不足以提高公司绩效，正是通过信息共享高管团队的能力才得以增强，并因此提高了高管团队处理复杂的战略决策任务的能力、改善了公司绩效。理科威茨（Likewise et al.，2005）主张，除了检索信息之外，群体成员之间还需要交换和重构信息。当深度信息被详细阐述时，群体成员彼此之间能够更好地进行学习和交流，整合并增强有利于提高董事会战略监督和战略参与能力的知识和技能（Boone and Hendriks，2009；Likewise et al.，2005）。

独立董事的专长是决定董事会有效性的一个重要因素，但只有和公司层面

---

① Tuggle C. S, Schnatterly K, Johnson R. A. Attention Patterns in the Boardroom: How Board Composition and Processes Affect Discussion of Entrepreneurial Issues [J]. Academy of Management Journal, 2010, 53（3）：550 – 571.

② 牛建波，赵静. 信息成本，环境不确定性与独立董事溢价 [J]. 南开管理评论, 2012（2）：70 – 80.

的特有信息结合起来时才能发挥更大的效力（Pettigrew and McNulty，1995）。麦克纳尔蒂和佩蒂格鲁（McNulty and Pettigrew，1999）发现，董事会获取信息的程度是影响董事会战略参与程度的关键要素。普里松和特恩布尔（Prison and Turnbull，2011）基于信息决策视角的研究发现，银行董事会无法接近由管理层控制公司中关于风险识别、风险评价的相关信息，是引致董事会在金融危机不能有效地进行风险管理的根本原因。作者随后指出，增强董事会信息获取和处理水平有利于提高董事会的决策参与能力。沿着这一逻辑，只有通过外部董事和执行董事之间的信息共享，董事会才能有效地整合关键资源，增强董事会的战略决策资本。

面对经济全球化背景下日益复杂、动态的竞争环境，董事会成员之间的信息共享有助于促进董事会内部专业知识的传播和扩散，在一定程度上克服个体"有限理性"导致的认知局限，最大限度地还原由于个体选择性过滤和认知带来的消极影响。遵循这一逻辑，我们认为董事会成员之间的信息共享有利于提高董事会履行其战略任务的有效性，进而带来企业战略绩效的提高。所以，本书认为，董事会成员之间信息共享对企业战略绩效具有积极的影响。

基于以上论证，本书提出如下假设：

H5：董事会信息共享程度越高，企业战略绩效越好。

四、任务导向董事会断裂带、董事会决策行为和企业战略绩效

关于董事会决策行为的研究，公司治理文献直接把董事会结构作为决策行为的代理变量，从而使得董事会决策过程成为一个"黑箱"。虽然代理理论在公司治理领域中得到了广泛的应用，也是研究董事会治理与企业价值之间关系的主流理论，但是相关实证研究至今仍存在矛盾和模糊的结果[①]。同时在金融危机中暴露出来的董事会治理实践问题已经引起了学术界对传统董事会治理的重新审视。在众多新的董事会治理研究视角中，影响最为广泛的

---

① Huse M，Hoskisson R，Zattoni A，et al. New Perspectives on Board Research：Changing the Research Agenda [J]. Journal of Management Governance，2011，10（15）：5 – 28.

是基于决策行为视角对董事会与企业价值关系进行研究。该方向的研究指出，在关注传统投入产出模型的基础上，还要关注董事会决策行为对企业价值创造的影响。

在群体断裂带文献中，群体成员的行为一直被认为是群体断裂带与群体效能之间的中介变量①。劳等（1998）分析了群体断裂带和群体效能之间的关系，认为群体断裂带阻碍了群体效能的提高，主要原因在于群体断裂带的存在对群体成员的决策行为产生了消极影响，群体决策行为在群体断裂带与群体效能之间起到中介作用②。撒切尔等（2003）研究表明，和不存在断裂带以及存在中等程度断裂带的群体相比，存在强断裂带的群体，往往伴随着较高程度的群体冲突与较低的群体成员承诺，影响了群体绩效的提高。李和汉布里克（2005）对我国71个合资企业高管团队中存在的断裂带进行研究后发现，当高管团队断裂强度较大时，会产生更高水平的认知冲突、情感冲突以及行为瓦解，降低了群体成员的努力程度和信息共享，进而导致群体绩效的下降。

同理，本书认为任务导向董事会断裂带将会对董事会决策行为产生直接的影响，进而作用于企业战略绩效。

基于以上论证，本书提出如下假设：

H6：董事会努力程度在任务导向董事会断裂带与企业战略绩效的关系中起中介作用；

H7：董事会信息共享在任务导向董事会断裂带与企业战略绩效的关系中起中介作用。

基于以上分析，本章构建的理论模型如图4.1所示。在图4.1中，决策行为包括努力程度和信息共享两个维度，任务导向董事会断裂带通过努力程度和信息共享作用于企业战略绩效，同时也直接作用于企业战略绩效。

---

① Thatcher S. M. B, Patel P. C. Group Faultlines : A Review, Integration and Guide to Future Research [J]. Journal of Management, 2012, 38（4）: 969 - 1009.

② Lau D. C, Murnighan J. K. Demographic Diversity and Faultlines: The Compositional Dynamics of Organizational Groups [J]. The Academy of Management Review, 1998, 23（2）: 325 - 340.

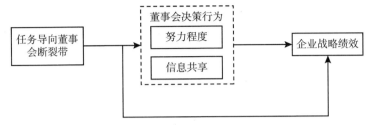

图4.1 决策行为中介作用检验理论模型

资料来源：笔者整理。

第二节 研究设计

一、样本选择与数据来源

（一）样本选择

本书以沪深300成分股上市公司作为研究对象，对任务导向董事会断裂带、董事会决策行为与企业战略绩效之间的关系进行考察。之所以选择沪深300成分股上市公司，是由于这些公司覆盖了沪深市场六成左右的市值，具有良好的市场代表性。在样本选取过程中，考虑到金融类公司存在的行业特殊性，本书剔除了金融类上市公司。此外，本书还剔除了董事会成员人口统计特征不完整的公司，以及其他回归变量数据缺失的公司。

（二）数据来源

样本公司的财务数据来源于国泰安数据中心的"中国上市公司财务指标分析数据库"，董事会治理数据来源于国泰安数据中心的"中国上市公司治理结构研究数据库"，董事会决策行为方面的数据，如公司董事平均担任的连锁董事数量、董事会成员缺席会议次数，来源于巨潮资讯网公布的上市公司年报和董事会决议公告中手工收集的信息；任务导向董事会断裂带的原始数据（如董事会成员的教育程度、职能背景、董事任期）主要从巨潮资讯网各公司年度报告的"董事、监事、高级管理人员和员工情况"中手工整理而得。但由于上市公司年报没有提供关于董事会教育程度、职能背景和董事任期的完整信息,我们通过新浪财经、东方财富网等网站收集了这些信息。在这一过程中,为了确保数据的准确性和一致性,我们对不同渠道搜集的信息进行了对比分析。

二、变量定义与测量

由于本书要考察任务导向董事会断裂带对董事会决策行为和企业战略绩效的影响,因此企业战略绩效是被解释变量、任务导向董事会断裂带是解释变量、董事会决策行为是中介变量。此外,根据研究需要,本书还在借鉴已有研究的基础上选取了控制变量。各变量的设置如下:

(一)被解释变量

如前所述,企业战略绩效是指董事会通过发起、批准、控制和评价战略所带来的公司价值的增加,不同学者对战略绩效的衡量并不相同。例如,迪斯和戴维斯(Dess and Davis,1984)、库马尔等(Kumar et al.,1997)把资产收益率和销售增长率作为企业战略绩效的衡量指标,米勒和弗里森(Miller and Friesen,1986)把净资产收益率和市场份额增长率作为战略绩效的评价指标,纳佛和斯莱特(Narver and Slater,1990)、刘睿智和胥朝阳(2008)、郑兵云等(2011)把资产收益率作为战略绩效的衡量指标,帕克和赫尔姆斯(Parker and Helms,1992)则把资产收益率、销售收入及员工成长作为评价企业战略绩效的重要标准,徐二明和王智慧(2000)、周祖德等(2006)把相对公司价值作为战略绩效的衡量指标,雷辉和欧阳丽莎(2013)则运用验证性因子分析和灰色关联分析构建了战略绩效综合指数。

综合已有研究我们发现,学者们大都基于盈利能力(资产收益率、净资产收益率、投资报酬率)和成长能力(销售增长率、市场份额增长率)两个维度来衡量企业战略绩效。企业战略绩效体现了企业战略创造价值的总和,是董事会战略监督和战略参与效果的直接反映(徐二明和王智慧,

2000），所以单一指标并不能有效、综合地反映董事会战略决策在一定时期内为企业创造的价值。本书认为，在对企业战略绩效进行度量时，应该开发更具综合性的指标，如何对多维指标进行综合是对企业战略绩效进行度量时面临的一个重要问题。为了克服层次分析法、模糊综合评价法和熵值法的主观性较强、结果不稳定的特点，本书在借鉴已有研究的基础上，运用主成分分析法，基于盈利能力、成长能力、现金能力三个维度建立综合性的指标对企业战略绩效进行衡量。

盈利能力包括资产收益率和净资产收益率两个指标，成长能力包括销售增长率、市场份额增长率和净利润增长率三个指标，现金能力包括营业现金比率和每股营业现金净流量两个指标。在主成分分析过程中，本书在综合考虑累积方差贡献率和特征根的基础上，提取主成分大于 1 且累积方差贡献率大于 80% 的前三个主成分，并借鉴周建等（2014），按照提取主成分的方差贡献率加权求和，对企业战略绩效进行测度。主成分分析结果如表 4.1 所示。

表 4.1 　　　　　　　　　　企业战略绩效主成分分析结果

项目	特征根	方差贡献率（%）	累积方差贡献率（%）
第一主成分	2.425	40.419	40.419
第二主成分	1.811	30.177	70.596
第三主成分	1.042	15.694	86.290
KMO 值	0.534		
Bartlett 球度检验	548.471 ***		

注：*** 表示在 0.1% 的水平下显著（双尾）。

（二）解释变量

由于本章的主要目的是基于二分模式假设，考察董事群体断裂带强度对企业战略绩效的影响；此外，构成任务导向董事会断裂带的属性特征既包括分类变量，又包括连续变量，所以和国外大部分学者的研究相同（Barkema and Shvyrkov, 2007；Tuggle, 2010；Kaczmarek et al., 2012），本书借鉴撒切尔等（2003）[①] 开发的公式对基于董事会成员类型、职能背景、教育程度、董事任期形成的群体断裂带进行度量，具体如4.1所示。

$$Fau = \left(\frac{\sum\limits_{j=1}^{q} \sum\limits_{k=1}^{2} n_k^g (\bar{x}_{jk} - \bar{x}_j)^2}{\sum\limits_{j=1}^{q} \sum\limits_{k=1}^{2} \sum\limits_{i=1}^{n_k^g} (x_{ijk} - \bar{x}_j)^2} \right) g = 1, 2, \cdots, S \qquad (4.1)$$

式（4.1）中，q 表示考察董事会成员特征的数量（本书中 $q=4$）。x_{ijk} 表示子群体 k 中的第 i 个董事在特征 j 上的取值，$\bar{x}_{jk}$ 表示子群体 k 中的董事在特征 j 上的平均值，$\bar{x}_j$ 表示所有董事会成员在特征 j 上的平均值，n_k^g 表示董事会在二分模式 g 下子群体 k 中的成员数量。董事会断裂带强度 Fau 取所有可能的子群体分类方式下计算得出的最大值。Fau 值在（0，1）区间变化，值越大则董事会断裂带强度越强，反之则越弱。[②]

成员类型是指董事会成员是独立董事还是执行董事。关于董事会成员类型的衡量，本书借鉴相关研究，用0、1变量来表示。其中，1为独立董事，0为执行董事。关于董事会成员职能背景的分类，本书借鉴周建等（2012）分为输出职能、转换职能和支持职能三种类别[③]。具体而言，营销和研发为输出职能，用1来表示；生产、运营和制造为转换职能，用2来表示；不属于以上两类的统一界定为支持职能，用3来表示。关于董事会成员教育程度，本书借鉴周建等（2012），分为博士、硕士、本科及其他四类，分别赋值为4、3、2、1。董事任期指每个董事会成员在焦点公司董事会任职时间的长短，本书借鉴卡奇马雷克等（2012）和塔格尔等（2010），用董事任职的自然年数来衡量。

（三）中介变量

1. 董事会努力程度

福布斯和米利肯（1999）指出，努力程度是影响董事会有效性的一个重

---

①② Thatcher S. M. B, Jehn K. A, Zanutto E. Cracks in Diversity Research: The Effects of Diversity Faultlines on Conflict and Performance [J]. Group Decision and Negotiation, 2003 (12): 217 – 241.

③ 周建，李小青. 董事会认知异质性对企业创新战略影响的实证研究 [J]. 管理科学, 2012, 25 (6): 1 – 12.

要因素①。韦格曼（Wageman，1995）把努力程度定义为个体投入到任务中的能量水平，并认为努力程度会受到群体规范的影响②。一方面，当董事会成员兼任过多董事职务时，用于履行焦点公司职责的时间不足，董事会成员投入的努力程度会降低，从而也就不能对经理人员进行有效监督，更无从谈起参与企业战略的制定（Lipton and Lorsch，1992）。穆勒－卡尔和卢埃林（2011）研究发现，董事多重任职分散了董事会成员投入到焦点公司的工作时间，会对董事会战略监督和战略参与有效性产生消极影响。③ 全美董事联合会（National Association of Corporate Directors，NACD）和机构投资者理事会（Council of Institutional Investors，CII）建议限制个体董事可接受的连锁董事任职数量。

另一方面，王斌和童盼（2008）研究表明，董事会成员是否亲自出席董事会会议也是其努力程度的外在体现。董事会成员缺席会议时，无论是否有委托书，只要董事没有亲自出席董事会就表明该董事没有尽到应尽的义务④。本书借鉴已有研究（王斌和童盼，2008；Jackling and Johl，2009；Muller－Kahle and Lewelly，2011；Kaczmarek et al.，2012）的基础上，以同时兼任 3 个以上董事职位成员所占比例和董事会成员缺席会议比例作为董事会成员努力程度的代理变量。其中，同时兼任 3 个以上董事职位成员所占比例为公司执行董事和独立董事中同时担任 3 个以上董事职位的人数除以公司董事总人数。董事会成员缺席会议比例为"未亲自参加董事会会议的人数除以董事会年度会议次数×董事会总人数"。董事会成员的努力程度为以上两个指标之和的倒数，值越大说明董事会努力程度越高，反之则越低。

2. 董事会信息共享

已有研究表明，当群体成员彼此熟悉程度较高时，有利于更有效地利用

---

① Forbes D. P，Milliken F. J. Cognition and Corporate Governance：Understanding Boards of Directors as Strategic Decision－Making Groups [J]. Academy of Management Review，1999，24（3）：489－505.

② Wageman R. How Leaders Foster Self－Managing Team Effectiveness：Design Choices Versus Hands－On Coaching [J]. Organization Science，2001，12（5）：559－577.

③ Muller－Kahle M. I，Lewellyn K. B. Did Board Configuration Matter? The Case of US Subprime Lenders [J]. Corporate Governance：An International Review，2011，19（5）：405－417.

④ 王斌，童盼. 董事会决策行为与公司业绩关系研究——一个理论框架及我国上市公司的实证检验 [J]，中国会计评论，2008，6（3）：255－274.

信息①。就董事任期而言，任期较短的董事由于对组织内部和外部的环境不熟悉，没有足够的时间来建立通畅的沟通渠道，阻碍了董事会成员之间的信息交流和共享。于此相对照，任期长的董事公司层面的知识更加丰富，彼此之间容易达成共享心智模式和管理认知，促进了董事会成员之间的信息共享。

借鉴已有研究，本书以董事会成员交叉任期作为信息共享的代理变量，并用卡罗尔和哈里森（1998）开发的关于团队成员共同历史经验的测量方法，对交叉任期进行测量②。具体而言，首先考察董事会中所有可能两两配对的董事任职时间，并计算二者交叉任职时间的长短，然后计算所有可能交叉任期配对的平均值，具体如式4.2所示。

$$Crost = 1/N \sum_{i \neq j} \min(u_i, u_j) \tag{4.2}$$

式（4.2）中，$Crost$ 表示交叉任期，N 表示所有交叉任期的配对总数，u_i 表示第 i 个董事的任期，u_j 表示第 j 个董事的任期。

（四）控制变量

本书在借鉴已有研究的基础上，引入了公司层面、董事会层面和行业层面三类控制变量。

1. 公司层面控制变量

公司规模（Lnsize）。公司规模与价值创造密切相关，是影响企业战略绩效的一个重要因素。在中国，"做大做强"是很多企业家的信条，甚至出现在公司章程中③。通常情况下随着企业规模的增大，企业抗风险能力增强，更有利于企业战略绩效的提升。然而也有研究基于委托代理理论的视角认为，规模过大的企业因存在更多代理问题而妨碍企业制定出益于企业长期发展的决策。尽管已有研究结论不一，但毋庸置疑企业规模是影响企业战略绩效的重要因素。因此，本书选取企业规模作为控制变量，采用公司总资产的

① Williams K. Y, O'Reilly C. A. Demography and Diversity in Organizations: A Review of 40 Years of Research [J]. Research in Organizational Behavior, 1998 (20): 77 – 140.

② Carroll G. R, Harrison J. R. Organizational Demography and Culture: Insights from A Formal Model and Simulation [J]. Administrative Science Quarterly, 1998: 637 – 667.

③ 姜付秀，伊志宏，苏飞，等. 管理者背景特征与企业过度投资行为 [J]. 管理世界，2009 (1): 130 – 139.

自然对数值对其进行测量。

公司成长性（Growth）。学者们研究表明，公司的成长性也会对企业绩效产生影响。处于不同成长阶段的企业，价值创造能力也不尽相同。新兴的、高成长的公司投资机会较多，往往投入大量资源进行创新活动，以换取未来的高额回报。较之低成长性企业，高成长性企业亟须充足的资金用于研发。李和汉布里克等（2005）研究发现，企业成长性与企业未来的价值显著正相关，相对低成长性的企业，高成长性的企业有更大的可能提高其市场价值。因此，本书把企业成长性作为一个控制变量，并借鉴沈艺峰和吴世农（1999），采用主营业务收入增长率来衡量。

2. 董事会层面控制变量

已有研究表明，董事会规模、与绩效相关的薪酬以及群体断裂带距离也会对董事会决策行为和企业战略绩效产生影响，本书也对这三个变量进行了控制。

董事会规模（lnBoad）。董事会规模在一定程度上反映了董事会有效履行其职责的能力（Kaczmarek et al.，2012）。关于董事会规模的研究表明，和规模小的董事会相比，规模大的董事会能够提供更广泛的建议和咨询；但随着董事数量的增加，协调和组织过程的损失将超过董事数量增加带来的收益（Lipton and Lorsch，1992；李常青和赖建清，2004）。然而先前关于董事会规模与企业战略绩效关系的实证研究结论并不一致。如另有一些学者认为，董事会规模与对企业问题讨论的深度负相关、与广度正相关。本书认为，董事会规模越大，董事会成员背景也更多样化，从而可能对董事会决策行为和企业战略绩效产生影响，因此我们控制了董事会规模的影响，并用董事会总人数的自然对数来表示。

董事会成员与绩效相关的薪酬（lnSaly）。已有研究表明[1][2][3][4]，董事会

① 马跃如，段斌. 董事长职能背景，高管激励方式与中小企业成长——基于国有样本与民营样本数据的对比研究［J］. 科学学与科学技术管理，2010，31（10）：180－185.

② 郑志刚，吕秀华. 董事会独立性的交互效应和中国资本市场独立董事制度政策效果的评估［J］. 管理世界，2009（7）：133－144.

③ 林浚清，黄祖辉，孙永祥. 高管团队内薪酬差距，公司绩效和治理结构［J］. 经济研究，2003（4）：31－40.

④ 刘斌，刘星，李世新，等. CEO薪酬与企业绩效互动效应的实证检验［J］. 会计研究，2003（3）：13－20.

成员与绩效相关的薪酬也会影响董事会成员的决策行为和企业价值。因此在借鉴已有研究的基础上，我们把董事会成员与绩效相关的薪酬作为控制变量之一，并用金额最高的前三名董事的薪酬总额的对数来衡量。

　　董事会断裂带距离（D_g）。断裂带距离指董事会内部不同子群体间属性特征累积的差异程度（Thatcher et al.，2003）。已有学者研究表明，如果子群体之间差异非常显著的话，群体成员跨越断裂带进行互动变得更加困难，不同子群体间的刻板印象更深、更加不可调和，子群体间的紧张状态和反生产力（Unproductive）的行为可能会进一步增加不同子群体之间的冲突，减少了子群体间的信息共享和使用[1]。查特曼和弗林（Chatman and Flynn，2001）研究表明，和人口统计特征与上司更相似的成员相比，人口统计特征与上司差异显著的成员得到积极评价和加薪的机会较少[2]。大的群体断裂带距离可能使不同子群体成员缺乏共同语言，在整个群体中难以共享隐性知识，所以在断裂带距离较大的群体中，对信息总量以及对信息资源的检索将会下降[3]。子群体成员可能会结成联盟，仅对与其有共同利益的群体成员提供支持。一旦群体中小集团形成，集团成员之间的隐性竞争将会引起群体内部的权力争夺和资源的不平衡分配，从而降低了群体成员对整个群体的承诺、增加了子群体成员间的关系冲突，影响了董事会对战略决策资源的整合[4]。

　　因此，我们把董事会断裂带距离作为控制变量之一，并用别兹鲁科夫等（2009）开发的公式来度量。基于多变量统计聚类分析，笔者把断裂带距离界定为两个子群体平均值间的欧式距离[5]。具体如式4.3所示。

---

① Thatcher S. M. B, Jehn K. A, Zanutto E. Cracks in Diversity Research: The Effects of Diversity Faultlines on Conflict and Performance [J]. Group Decision and Negotiation, 2003, 12 (3): 217–241.

② Chatman J. A, Flynn F. J. The Influence of Demographic Heterogeneity on the Emergence and Consequences of Cooperative Norms in Work Teams [J]. Academy of Management Journal, 2001, 44 (5): 956–974.

③ Bezrukova K, Thatcher S, Jehn K. A, et al. The Effects of Alignments: Examining Group Faultlines, Organizational Cultures, and Performance [J]. Journal of Applied Psychology, 2012, 97 (1): 77.

④ Kaczmarek S, Kimino S, Pye A. Board Task–Related Faultlines and Firm Performance: A Decade of Evidence [J]. Corporate Governance: An International Review, 2012, 20 (4): 337–351.

⑤ Bezrukova K, Jehn K. A, Zanutto E. L, et al. Do Workgroup Faultlines Help or Hurt? A Moderated Model of Faultlines, Team Identification, and Group Performance [J]. Organization Science, 2009, 20 (1): 35–50.

$$D_g = \sqrt{\sum_{j=1}^{p} (\overline{X}_{1j} - \overline{X}_{2j})^2} \tag{4.3}$$

式 4.3 中，D_g 表示董事会断裂带距离，子群体 1 的质间中心距为 X_{11}，$\overline{X}_{12}$，$\overline{X}_{13}$，$\overline{X}_{1p}$，…，子群体 2 的质间中心距为 $\overline{X}_{21}$，$\overline{X}_{22}$，$\overline{X}_{23}$，…，$\overline{X}_{2p}$。D_g 的取值范围为（$0 \sim \infty$），值越大表示董事会断裂带距离越大，反之则越小。

此外，本书还根据证监会行业分类代码，控制了行业因素可能产生的影响。

三、模型构建

根据前述分析和设计的变量，本书构建多元回归模型研究"任务导向董事会断裂带—董事会决策行为—企业战略绩效"之间的作用机制，并运用层级回归技术来检验本书提出的研究假设。

（1）根据前述的分析，构建多元回归模型检验任务导向董事会断裂带对企业战略绩效的主效应，方程的具体形式如下：

$$StrPer = a_0 + CovVs + \varepsilon_1 \qquad （模型 4.1）$$

$$StrPer = b_0 + b_1 Fau + CovVs + \varepsilon_2 \qquad （模型 4.2）$$

其中，$a_0 \sim b_0$ 为方程的截距，b_1 为回归系数，$CovVs$ 为控制变量，$\varepsilon_1 \sim \varepsilon_2$ 为随机干扰项；模型 4.1 检验控制变量对企业战略绩效的影响，模型 4.2 检验任务导向董事会断裂带和控制变量对企业战略绩效的共同影响。

（2）根据前文的分析，构建多元回归模型检验任务导向董事会断裂带对董事会决策行为（努力程度和信息共享）的影响，方程的具体形式如下：

$$Efort = a_0 + a_1 Fau + CovVs + \varepsilon_1 \qquad （模型 4.3）$$

$$InfSha = b_0 + b_1 Fau + CovVs + \varepsilon_2 \qquad （模型 4.4）$$

其中，$a_0 \sim b_0$ 为方程的截距，$a_1 \sim b_1$ 为回归系数，$CovVs$ 为控制变量，$\varepsilon_1 \sim \varepsilon_2$ 为随机干扰项；模型 4.3 检验任务导向董事会断裂带和控制变量对努力程度的影响，模型 4.4 检验任务导向董事会断裂带和控制变量对信息共享的影响。

（3）根据前文的分析，构建多元回归模型检验董事会决策行为对企业战略绩效的影响，方程的具体形式如下：

$$StrPer = a_0 + a_1 Efort + CovVs + \varepsilon_1 \qquad (模型4.5)$$

$$StrPer = b_0 + b_1 Infsha + CovVs + \varepsilon_2 \qquad (模型4.6)$$

$$StrPer = c_0 + c_1 Efort + c_2 Infsha + CovVs + \varepsilon_3 \qquad (模型4.7)$$

其中，$a_0 \sim c_0$ 为方程的截距，a_1、b_1、c_1、c_2 为回归系数，$CovVs$ 为控制变量，$\varepsilon_1 \sim \varepsilon_3$ 为随机干扰项；模型 4.5 检验董事会努力程度和控制变量对企业战略绩效的影响，模型 4.6 检验董事会信息共享和控制变量对企业战略绩效的影响，模型 4.7 检验董事会努力程度和信息共享对企业战略绩效的影响。

(4) 根据前述的分析，构建多元回归模型检验董事会决策行为在任务导向董事会断裂带与企业战略绩效之间所起的中介作用，方程的具体形式如下：

$$StrPer = a_0 + a_1 Efort + a_2 Fau + + CovVs + \varepsilon_1 \qquad (模型4.8)$$

$$StrPer = b_0 + b_1 InfSha + b_2 Fau + CovVs + \varepsilon_2 \qquad (模型4.9)$$

$$StrPer = c_0 + c_1 Efort + c_2 InfSha + c_3 Fau + CovVs + \varepsilon_3 \qquad (模型4.10)$$

其中，$a_0 \sim c_0$ 为方程的截距，a_1、a_2、b_1、b_2、c_1、c_2、c_3 为回归系数，$CovVs$ 为控制变量，$\varepsilon_1 \sim \varepsilon_3$ 为随机干扰项；模型 4.7 检验董事会努力程度在任务导向董事会断裂带与企业战略绩效之间所起的中介作用，模型 4.9 检验董事会信息共享在任务导向董事会断裂带与企业战略绩效之间所起的中介作用，模型 4.10 检验董事会努力程度和信息共享在任务导向董事会断裂带与企业战略绩效之间所起的中介作用。

第三节　实证过程及结果

一、变量的描述性统计

表 4.2 列示了主要变量的描述性统计结果。

从表 4.2 中可以看出，企业战略绩效的极大值为 2.830，极小值为 -1.167，均值为 0.048，标准差为 0.498，说明我国沪深 300 成分股上市公司的企业战略绩效不同公司间差异不太大。任务导向董事会断裂带强度的极大值为0.911，极小值为0.028，均值为0.349，标准差为1.085。低于克鲁克和柯诺凯特（Crucke and Knockaert，2016）的0.50和诺福等（Ndofor et al.，2015）的0.56，说明相比于西方成熟的大企业，我国民营科技创业企业任务导向董事会断裂带强度不是很大。进一步进行四分位分析后发现，第一个四分位点为0.2328，第二个四分位点为0.3670，第三个四分位点为0.4855，群体断裂带强度的偏为0.684，说明整体而言我国上市公司任务导向董事会断裂带强度并不算太大，但呈右偏分布。任务导向董事会断裂带距离的均值为1.406，低于别兹鲁科夫等（2009）的1.68，表明相比于世界500强组织，我国上市公司企业董事会内部不同子群体之间的差异化程度相对较小。

表4.2　　　　　　　　　　主要变量的描述性统计结果

变量名	极小值	极大值	均值	标准差
StrPer	-1.167	2.830	0.048	0.498
Fau	0.028	0.911	0.349	1.085
Efort	0.000	1.000	0.277	0.197
Inloc	0.000	0.875	0.287	0.186
Absen	0.000	0.333	0.036	0.053
InfSha	1.444	15.316	4.727	2.242
Board	6.000	18.000	9.910	2.254
lnSaly	11.390	17.390	14.305	0.850
D_g	0.675	2.961	1.406	0.328
lnsize	21.056	28.405	23.756	1.149
Growth	-0.119	1.202	0.108	0.115

资料来源：笔者基于统计分析而得。

从表4.2中可以看出，同时在3个以上公司任职董事所占比例的均值为0.287、标准差为0.186，说明平均而言我国上市公司董事会中，大约有1/3的董事同时在3个以上公司任职，且不同公司之间差异不大。董事会缺席会议比例均值为0.036，与王斌和童盼（2008）中董事会缺席会议比例的均值

0.055 相比，说明近年来沪深 300 成分股上市公司董事会成员出席董事会会议的情况相对较好。董事会成员信息共享的极小值为 1.444，极大值为 15.316，均值为 4.727，标准差为 2.242，说明我国沪深 300 成分股上市公司董事会成员交叉任期时间不同公司之间存在较大差异，有的公司董事会成员交叉任期时间高达 15 年，有的公司只有 1.44 年。这和样本公司董事会成员的平均任期相一致，样本公司中董事会成员平均任期最长为 19.78 年，最短为 2.11 年，平均任期约为 7 年。从控制变量来看，利普顿（Lipton，1992）认为董事会的最佳规模为 8~9 人，最多不能超过 10 人，样本公司董事会规模的均值为 9.910，极大值为 18 人，说明我国沪深 300 成分股上市公司董事会规模偏大[①]。

二、变量的相关性分析

主要变量之间的 Pearson 相关系数如表 4.3 所示。

表 4.3　　　　　　　　　主要变量之间的 Pearson 相关系数

变量名	1	2	3	4	5	6	7	8
1. $StrPer$	1	—	—	—	—	—	—	—
2. Fau	−0.155**	1	—	—	—	—	—	—
3. $Efort$	0.054	−0.124**	1	—	—	—	—	—
4. $InfSha$	0.137*	−0.029	0.243***	1	—	—	—	—
5. $\ln Board$	−0.132*	0.041	−0.039	−0.105	1	—	—	—
6. $\ln Saly$	0.112*	0.157*	0.233***	0.149*	−0.045	1	—	—
7. D_g	0.069	0.341***	−0.050	−0.070	0.227***	0.187**	1	—
8. $\ln size$	−0.269***	0.188**	0.173**	−0.045	0.285***	0.438***	0.217***	1
9. $Growth$	0.083***	−0.012	0.061	−0.063†	−0.016*	0.011†	−0.025	0.106*

注：*** 表示在 0.001 的水平（双侧）上显著相关，** 表示在 0.01 的水平（双侧）上显著相关，* 表示在 0.05 的水平（双侧）上显著相关，† 表示在 0.1 的水平（双侧）上显著相关。

---

① Lipton M, Lorsch J. W. A Modest Proposal for Improved Corporate Governance ［J］. The Business Lawyer, 1992：59 − 77.

相关性分析结果显示，董事会规模、董事会成员与绩效相关的薪酬、公司规模以及公司增长率均与企业战略绩效显著相关，初步表明我们所选的控制变量具有较高的效度。与我们的推测相吻合，任务导向董事会断裂带强度与企业战略绩效在 1% 的水平上显著负相关（$r = -0.155$，$p < 0.01$），任务导向董事会断裂带强度与董事会努力程度在 1% 的水平上显著负相关（$r = -0.124$，$p < 0.01$），董事会信息共享与企业战略绩效在 5% 的水平上显著正相关（$r = 0.137$，$p < 0.05$），但任务导向董事会断裂带强度与信息共享负相关但不显著（$r = -0.029$，$p > 0.1$），董事会努力程度与企业战略绩效正相关但不显著（$r = 0.054$，$p > 0.1$）。接下来本书运用层级回归技术进一步考察变量之间的关系。

此外，表 4.3 中主要变量之间的相关系数都在 0.30 以下，表明变量之间相互影响的重叠程度不高，多重共线性问题并不严重。

三、任务导向董事会断裂带与企业战略绩效回归结果

（一）任务导向董事会断裂带与企业战略绩效的回归过程和结果

根据前面建立的模型，本书采用普通最小二乘（OLS），利用 SPSS19.0 统计软件来获取任务导向董事会断裂带和企业战略绩效变量之间的经验研究结果，以验证本书提出的假设。为了分离不同层次变量对因变量的影响，本书采用层级回归的方法，首先引入控制变量，其次引入自变量，最后把全部自变量和控制变量纳入回归方程。任务导向董事会断裂带对企业战略绩效回归结果如表 4.4 所示。

从表 4.4 的回归结果可以看出，所有解释变量回归后的方差膨胀因子均在 1.5 以下（最大 VIF 为 1.487），这说明模型并不存在严重的多重共线性问题。从回归模型来看，两个模型均在 0.1% 的水平上显著，说明模型设定合理。

模型 1 仅仅考察了控制变量对企业战略绩效的影响，在模型 1 中，除了董事会规模外，其他变量均通过了显著性检验，说明我们选取的控制变量是有

效的。和仅包括控制变量的模型 1 相比，引入自变量后模型 2 的调整 R^2 增加了 0.013，可以看出引入自变量后模型的解释力度有所增强。从表 4.4 中可以看出，模型 2 中任务导向董事会断裂带强度负的显著性系数（$\beta = -0.053$，$p < 0.01$）意味着假设 1 得到了支持，即任务导向董事会断裂带强度对企业战略绩效具有消极影响。

表 4.4　　　　　　任务导向董事会断裂带对企业战略绩效回归结果

变量名称	模型 1	模型 2
Incept	0.576 ***	0.556 ***
	(0.074)	(0.573)
Fau	—	-0.053 **
	—	(0.020)
ln*Boad*	0.011	0.005
	(0.015)	(0.016)
ln*Saly*	0.011 ***	0.011 ***
	(0.003)	(0.003)
D_g	0.021 **	0.033 ***
	(0.009)	(0.01)
ln*size*	-0.033 ***	-0.031 ***
	(0.033)	(0.003)
Growth	0.401 ***	0.390 ***
	(0.028)	(0.013)
Year	控制	控制
Indus	控制	控制
R^2	0.585	0.600
Adjust R^2	0.573	0.586
最大 *VIF*	1.444	1.487
F	47.515 ***	43.034 ***
Sig.	0.000	0.000

注：*** 表示在 0.001 的水平（双侧）上显著相关，** 表示在 0.01 的水平（双侧）上显著相关，括号中的数字为估计标准误。

（二）对实证结果的讨论

与卡奇马雷克、基米诺和派伊（2012）的研究结论相同[①]，本书研究结果表明，基于董事会成员类型、职能背景、教育程度和任期形成的群体断裂带对企业战略绩效具有显著的消极影响。群体断裂带的存在意味着认同的相互作用，同一子群体内部成员间具有相同的认同，不同子群体之间认同并不相同。子群体成员间认同的差异使得在董事会内部出现这样一种情形，即相比把董事会作为一个整体，董事会成员在特定的子群体中感觉更加舒适，从而使得董事会成员对子群体的认同超过对整个董事会的认同，降低了整个董事会的凝聚力和黏性，妨碍了对董事会战略决策资源的整合，进而影响了企业战略绩效。本书得出的结论为基于学生团队和实验室情境下的群体断裂带研究（如 Bezrukova et al. , 2009；Homan et al. , 2008；Molleman，2005）以及公司高管团队群体断裂带研究（Barkema and Shvyrkov，2007；Minichilli et al. , 2010；Tuggle et al. , 2010；Kaczmarek et al. , 2012）提供了经验证据。

在对控制变量的研究中我们发现，董事会成员与绩效相关的薪酬与企业战略绩效显著正相关（$\beta = 0.011$，$p < 0.001$），这一结果与代理理论的思想和卡奇马雷克、基米诺和派伊（2012）等的研究结论一致[②]，表明提高董事会成员与绩效相关的薪酬有利于提高企业战略绩效。公司规模与企业战略绩效显著负相关（$\beta = -0.031$，$p < 0.001$），表明公司规模越大企业的战略绩效反而越差。另外，值得注意的是，董事会断裂带距离与企业战略绩效显著正相关（$\beta = 0.033$，$p < 0.01$），意味着董事会断裂带距离越大，企业战略绩效越好。

四、任务导向董事会断裂带与董事会决策行为回归结果

（一）实证过程及结果

根据前面构建的模型，我们利用 SPSS19.0 获取任务导向董事会断裂带

---

①② Kaczmarek S, Kimino S, Pye A. Board Task - Related Faultlines and Firm Performance：A Decade of Evidence [J]. Corporate Governance：An International Review, 2012, 20（4）：337 - 351.

强度与董事会努力程度和信息共享的实证分析结果，以验证本书所提出的假设。

本书采用层级回归技术，首先引入控制变量，然后引入全部自变量和控制变量（见表4.5）。

表4.5　　　　任务导向董事会断裂带对董事会决策行为回归结果

变量名称	模型1（努力程度）	模型2（信息共享）	模型3（努力程度）	模型4（信息共享）
$Incept$	-0.700	1.348	-0.768	1.314
	(0.384)	(0.911)	(0.387)	(0.920)
Fau	—	—	-0.175*	-0.080**
	—	—	(0.105)	(0.202)
ln$Board$	-0.052†	-0.576**	-0.073†	-0.583**
	(0.078)	(0.191)	(0.079)	(0.193)
ln$Saly$	0.052**	0.068***	0.050**	0.069**
	(0.018)	(0.042)	(0.018)	(0.043)
D_g	-0.064†	-0.022†	-0.027*	-0.004*
	(0.046)	(0.110)	(0.052)	(0.124)
ln$size$	0.021	-0.009	0.028	-0.007†
	(0.018)	(0.043)	(0.018)	(0.043)
$Growth$	-0.043	-0.154	-0.062	-0.165
	(0.145)	(0.347)	(0.150)	(0.350)
$Year$	控制	控制	控制	控制
$Indus$	控制	控制	控制	控制
R^2	0.081	0.098	0.010	0.141
$Adjust\ R^2$	0.053	0.061	0.074	0.102
最大 VIF	1.444	1.481	1.502	1.491
F	2.949**	2.636	2.463***	3.618***

注：*** 表示在0.001的水平（双侧）上显著相关，** 表示在0.01的水平（双侧）上显著相关，* 表示在0.05的水平（双侧）上显著相关，† 表示在0.1的水平（双侧）上显著相关，括号中的数字为估计标准误。

从表4.5的回归结果可知，模型中所有的自变量和控制变量回归后的方差膨胀因子（VIF）均小于1.6，意味着模型并不存在严重的多重共线性问题；同时，4个模型通过了 F 检验，说明模型的整体线性拟合显著。模型1中除了董事会规模、与绩效相关的薪酬以及群体断裂带距离外，其他控制变量与董事会努力程度之间并未表现出显著的相关关系。相对于仅仅考察控制变量对董事会努力程度影响的模型1，引入自变量任务导向董事会断裂带强度后，模型3的调整 R^2 由0.053增加到了0.074，说明引入自变量后，模型的解释力度较单纯包括控制变量的模型有所提高。模型2中董事会规模与董事会成员信息共享显著负相关、与绩效相关的薪酬与董事会信息共享显著正相关，群体断裂带距离与董事会信息共享在10%的水平上边际负相关。相对于仅仅考察控制变量对董事会信息共享影响的模型2，引入的自变量任务导向董事会断裂带强度后模型4的调整 R^2 由0.053增加到了0.102，说明引入自变量后，模型的解释力度较单纯包括控制变量的模型明显提高。虽然模型的拟合效果不是很理想，但基本反映了本书考察的主要变量之间的关系。

（二）对实证结果的分析讨论

H2假设任务导向董事会断裂带强度越大，董事会努力程度越低。表4.5中模型3负的显著性系数（$\beta = -0.175$，$p < 0.05$）意味着H2得到支持。实证结果表明，董事会中强群体断裂带的存在，降低了董事会成员对整个董事会和股东的承诺和履行战略职能的努力程度。管家理论认为，如果公司管理人员本身处于全员合作的状态之下，董事会则退居于辅助决策的角色，并致力于保证公司行权的连续性和战略的顺利实施。新的独立监督方的进入会产生额外的董事决策行为差异，使得在需要迅速决策时，独立董事和执行董事之间协调的时间更长[①]。当董事会行权的连续性遭到破坏后，董事会的绩效后果就可能是负面的。Ford（1988）的研究结果亦支持了这一论断，笔者发现混合了独立董事的董事会在战略、预算、危机管理等方面比全部由执行董事组成的董事会更差。

---

① 王跃堂，赵子夜，魏晓雁．董事会的独立性是否影响公司绩效？[J]．经济研究，2006（5）：62-73.

H3 假设任务导向董事会断裂带强度对董事会信息共享具有消极的影响，即任务导向董事会断裂带强度越大，董事会信息共享越少。表 4.5 模型 4 中 Fau 负的显著性系数（$\beta = -0.080$，$p < 0.01$）意味着该假设得到支持。实证结果显示，任务导向董事会断裂带的存在阻碍了董事会成员之间的信息交换和共享行为。战略监督与战略参与是董事会的两个重要职能，而拥有信息对于董事会战略角色的有效发挥至关重要。当管理层与董事会分享信息时，董事会掌握的公司信息更加丰富，从而提高了董事会履行监督职能的有效性。因此，管理层不会向过度独立的董事会传递信息。所以，独立董事与执行董事子群体之间的断裂带强度越强越大，董事会内部的信息共享水平越低[1]。韦斯特法尔等（1999）基于对美国财富 500 强公司问卷调查所得的一手数据研究发现，外部董事和 CEO 之间的友谊和社会联系促进了外部董事就公司的发展战略问题对管理层提供的建议和咨询。而独立董事和执行董事子群体间断裂带强度较大时，增加了独立董事和执行董事获取信息的成本，影响了董事会成员之间的信息共享[2]。

五、董事会决策行为与企业战略绩效回归结果

根据前面构建的模型，本书利用 SPSS19.0 获取董事会成员努力程度（$Efort$）和信息共享（$InfSha$）两个董事会决策行为变量与企业战略绩效的回归分析结果，以验证本书提出的假设。

本书采用层级回归技术，首先引入控制变量，然后分别引入自变量董事会努力程度和信息共享（见表 4.6）。

从表 4.6 的回归结果可知，模型中所有的自变量和控制变量回归后的方差膨胀因子（VIF）均小于 1.5，意味着模型并不存在严重的多重共线性问题；同时，4 个模型通过了 F 检验，说明模型的整体线性拟合显著。

---

① Adams R. B, Ferreira D. A theory of Friendly Boards [J]. The Journal of Finance, 2007, 62 (1): 217 - 250.

② Gulati R, Westphal J. D. Cooperative or Controlling? The Effects of CEO - Board Relations and the Content of Interlocks on the Formation of Joint Ventures [J]. Administrative Science Quarterly, 1999, 44 (3): 473 - 506.

表 4.6 董事会决策行为对企业战略绩效回归结果

变量名称	模型 1	模型 2	模型 3
Incept	0.625 ***	0.588 ***	0.606 ***
	(0.077)	(0.077)	(0.078)
Efort	0.032 **	—	0.024 **
	(0.014)	—	(0.015)
InfShar	—	0.003 **	0.003 †
	—	(0.001)	(0.001)
ln*Board*	0.015	0.018	0.018
	(0.016)	(0.016)	(0.016)
ln*BSay*	0.010 **	0.010 **	0.010 **
	(0.004)	(0.004)	(0.004)
ln*size*	− 0.034 ***	− 0.033 ***	− 0.034 ***
	(0.003)	(0.003)	(0.004)
Growth	0.400 ***	0.401 ***	0.401 ***
	(0.028)	(0.028)	(0.028)
D_g	0.025 **	0.025 **	0.026 ***
	(0.009)	(0.009)	(0.009)
Year	控制	控制	控制
Indus	控制	控制	控制
R^2	0.601	0.599	0.607
Adjust R^2	0.582	0.581	0.591
最大 *VIF*	1.426	1.415	1.461
F	32.575 ***	32.422 ***	30.634 ***

注：*** 表示在 0.001 的水平（双侧）上显著相关，** 表示在 0.01 的水平上（双侧）显著相关，† 表示在 0.1 的水平上（双侧）显著相关，括号中的数字为估计标准误。

H4 主张董事会努力程度对企业战略绩效具有积极的影响，即董事会努力程度越高，企业战略绩效越好。从表 4.6 中可以看出，模型 3 中董事会努力程度正的显著性系数（$\beta = 0.024$，$p < 0.01$）意味着 H4 得到了支持。研

究结果说明，董事会付出的努力越多，越有利于提高企业战略绩效。随着经济全球化发展的不断深化，市场竞争日趋激烈，董事会作为公司的重要资源以及战略决策的能力来源，其成员的决策行为如何影响企业战略绩效成为一个有趣的研究问题。作为公司内部治理机制的核心和股东的代理人，董事会成员在会议前对信息的积极搜寻以及对决策过程的积极参与，有利于获取公司层面的独特知识；而董事会成员对公司层面知识的深入了解有利于减少董事会的被动行为；只有当董事会成员凭借其独特的知识通过解释、审查和选择对 CEO 的提议进行质疑时，公司的决策科学性才能得以保证。所以，董事会积极努力地履行其战略监督与战略参与职能是增强企业战略绩效的前提。

H5 预测董事会信息共享与企业战略绩效正相关，即董事会成员之间的信息共享越多，企业战略绩效越好。从表 4.6 中可以看出，模型 3 中董事会信息共享的系数为正，显著性水平为 10%（$\beta = 0.003$，$p < 0.10$）意味着 H5 得到了支持。研究结果表明，增加董事会成员之间的信息共享能够对企业战略绩效产生积极的影响。在知识经济时代，掌握大量的信息是企业生存、发展和获利的前提和基础。肯尼斯·阿罗（1989）在《信息经济学》中指出，企业拥有的信息越丰富，在决策时面临的不确定性越小、决策失败的风险越低，而严重的信息缺乏会限制董事会的有效性。法马和詹森（1983）指出，董事会成员公司层面的深度知识是有价值的独特资源，对董事会成员对管理层实施决策控制至关重要[①]。和执行董事相比，独立董事掌握关于公司层面的信息相对较少；促进执行董事与独立董事之间的信息共享，有利于独立董事获取公司经营层面的相关信息，提高其战略监督和战略参与有效性（牛建波和赵静，2012）。所以董事会成员之间信息共享程度越高，企业战略绩效也越好。

六、董事会决策行为中介效应回归结果

如前所述，中介效应是指自变量对因变量的影响要通过中介变量来传

---

① Fama E. F, Jensen M. C. Separation of Ownership and Control [J]. Journal of Law and Economics, 1983：301 – 325.

导。例如，在 M 为自变量 X 和因变量 Y 中介变量的情况下，三者之间的关系应该表现为 $X \rightarrow M \rightarrow Y$。即中介效应的存在需满足以下三个条件：（1）变量 X 影响 M；（2）变量 X 影响 Y；（3）变量 X 对 Y 的影响是通过变量 M 来传导的。变量 X、M、Y 之间的逻辑关系如下所示：

$$Y = a_{01} + a_{11}X + \varepsilon_1 \qquad (4.4)$$

$$M = a_{02} + a_{21}X + \varepsilon_2 \qquad (4.5)$$

$$Y = a_{03} + a_{31}X + a_{32}M + \varepsilon_3 \qquad (4.6)$$

在式（4.4）中，以 a_{11} 来检验 X 和 Y 之间的关系，结论应该是 a_{11} 显著不等于 0；在式（4.5）中，以 a_{21} 来检验 X 和 M 之间的关系，结论应该是 a_{21} 显著不等于 0；在式（4.6）中，以 a_{31} 和 a_{32} 来检验把 M 和 X 同时引入方程后（即同时考虑 M 时），X 对 Y 产生的影响。如果 a_{31} 等于 0，但 a_{32} 不等于 0，则说明 M 在 X 和 Y 的关系中完全中介效应显著；如果 a_{31} 不等于 0 但显著水平下降或系数变小，同时 a_{32} 不等于 0，则说明 M 在 X 和 Y 的关系中部分中介效应显著[①]。

根据以上思路，本书接下来检验董事会努力程度和信息共享两个决策行为变量在任务导向董事会断裂带强度与企业战略绩效关系中发挥的中介作用。

（一）中介效应实证过程及结果

根据前面构建的模型，本书利用 SPSS19.0 获取任务导向董事会断裂带、董事会努力程度、信息共享与企业战略绩效关系的分析结果，以验证本书提出的假设。其中，模型 2 和模型 3 分别考察任务导向董事会断裂带和努力程度、任务导向董事会断裂带和信息共享对企业战略绩效的影响，模型 3 同时引入任务导向董事会断裂带强度、董事会努力程度和信息共享，检验两个董事会决策行为变量在任务导向董事会断裂带与企业战略绩效之间所发挥的中介效应。回归结果如表 4.7 所示。

---

① Baron R. M, Kenny D. A. The Moderator – Mediator Variable Distinction in Social Psychological Research: Conceptual, Strategic, and Statistical Considerations [J]. Journal of Personality and Social Psychology, 1986, 51 (6): 1173.

表 4.7 董事会决策行为中介效应回归结果

变量名称	模型 1	模型 2	模型 3	模型 4
Incept	0.556 ***	0.605 ***	0.570 ***	0.585 ***
	(0.573)	(0.076)	(0.086)	(0.077)
Fau	− 0.053 **	− 0.049 **	− 0.047 **	− 0.042 *
	(0.020)	(0.020)	(0.020)	(0.02)
Efort	—	0.028 *	—	0.019†
	—	(0.014)	—	(0.015)
InfSha	—	—	0.003 **	0.002 *
	—	—	(0.001)	(0.001)
ln*Boad*	0.005	0.010	0.014	0.014
	(0.016)	(0.016)	(0.016)	(0.016)
ln*BSay*	0.011 ***	0.010 **	0.010 ***	0.010
	(0.003)	(0.004)	(0.004)	(0.004)
D_g	0.033 ***	0.037 ***	0.037 ***	0.038 ***
	(0.01)	(0.010)	(3.225)	(0.010)
ln*size*	− 0.031 ***	− 0.033 ***	− 0.031 ***	− 0.032 ***
	(0.003)	(0.003)	(0.003)	(0.004)
Growth	0.390 ***	0.392 ***	0.391 ***	0.392 ***
	(0.013)	(0.028)	(0.028)	(0.028)
Year	控制	控制	控制	控制
Indus	控制	控制	控制	控制
R^2	0.600	0.614	0.616	0.619
Adjust R^2	0.586	0.595	0.596	0.608
最大 *VIF*	1.487	1.469	1.472	1.499
F	43.034 ***	30.915	31.089	28.495
Sig	0.000	0.000	0.000	0.000

注：*** 表示在 0.001 的水平（双侧）上显著相关，** 表示在 0.01 的水平上（双侧）显著相关，* 表示在 0.05 的水平上（双侧）显著相关，† 表示在 0.1 的水平上（双侧）显著相关，括号中的数字为估计标准误。

从表 4.7 的回归结果可知，4 个模型的 F 值分别为 43.034、30.915、31.089 和 28.495，F 的显著性均为 0.000，通过了 F 检验，说明模型的整体线性拟合显著。此外，所有模型中 VIF 值均小于 1.5，远小于临界点 10，因此模型并不存在严重的多重共线性问题。

（二）回归结果的分析与讨论

H6 预测董事会努力程度中介了任务导向董事会断裂带与企业战略绩效之间的关系。表 4.7 中模型 1 的回归结果显示，任务导向董事会断裂带强度与企业战略绩效显著负相关（$\beta = -0.053$，$p < 0.01$），满足了巴伦和肯尼（1986）方法的第一步。自变量任务导向董事会断裂带对中介变量董事会努力程度与信息共享的影响已经分别在表 4.4 的模型 2 和模型 4 中得到了支持，满足了巴伦和肯尼方法的第二步。考察控制自变量任务导向董事会断裂带的影响后，中介变量董事会努力程度和信息共享与企业战略绩效之间的关系。表 4.7 中模型 2 和模型 3 表明，控制了自变量任务导向董事会断裂带强度对企业战略绩效的影响后，董事会努力程度信息共享的影响均显著，满足了巴伦和肯尼方法的第三步。根据巴伦和肯尼（1986）的第四步，引入中介变量后，自变量和因变量之间的相关关系如果减弱，说明存在部分中介效应；如果二者之间的相关关系不再显著，则说明存在完全中介效应。表 4.7 中模型 4 表明，把董事会群体断裂和努力程度、信息共享同时引入模型后，任务导向董事会断裂带强度对企业战略绩效的影响系数由 0.053 减小到 0.042，显著性水平由 $p < 0.01$ 下降到 $p < 0.05$，所以董事会努力程度和信息共享在任务导向董事会断裂带与企业战略绩效之间起到了部分中介效应，H6 和 H7 得到了支持。但相对于信息共享，董事会努力程度的中介效应仅在边际上得到支持（显著性水平小于 0.1）。

实证研究结果表明，任务导向董事会断裂带对企业战略绩效的影响并非是单一、直接的，既对企业战略绩效产生直接影响，又通过作用于董事会努力程度与信息共享来间接影响企业战略绩效。具体而言，我们发现，董事会努力程度和信息共享对企业战略绩效具有积极的促进作用，同时董事会努力程度和信息共享在任务导向董事会断裂带与企业战略绩效之间起到部分中介效应。即任务导向董事会断裂带对企业战略绩效的影响部分是通过董事会努力程度和信息共享这两个中介变量来传导的。

第四节　稳健性检验

为了检验模型拟合程度在不同情况下的一致性，我们采取以下两种方法进行稳健性检验。

一、路 径 分 析 法

首先构建结构方程模型，应用路径分析技术来检验董事会努力程度和信息共享两个决策行为变量在任务导向董事会断裂带对企业战略绩效施以影响中起到的中介效应。

我们以任务导向董事会断裂带作为自变量，董事会决策行为作为中介变量，企业战略绩效作为因变量，构建结构方程模型，标准化后的路径系数和相关参数如图4.2和表4.8所示。

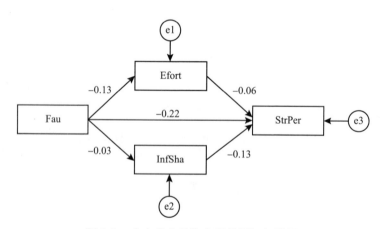

图 4.2　中介效应结构方程模型运行结果

从表4.8中可以看出，模型的路径系数中，"任务导向董事会断裂带强度—企业战略绩效（$\beta = -0.22$）""任务导向董事会断裂带强度—努力程度（$\beta = -0.13$）""董事会断裂带强度—信息共享（$\beta = -0.03$）""信息共享—企业战略绩效（$\beta = 0.13$）"四条路径系数均显著，唯有"努力程度—企业战略绩效（$\beta = -0.06$）"的路径系数未达到显著水平。

表 4.8   中介效应结构方程模型运行结果

路径	路径系数	T 值	拟合指数	数值
断裂带强度—企业战略绩效	-0.22	-3.328 ***	X^2/df	9.651
断裂带强度—努力程度	-0.13	-2.103 **	$RMSEA$	0.089
断裂带强度—信息共享	-0.03	-0.501 *	$SRMR$	0.072
努力程度—企业战略绩效	-0.06	-0.886	$NNFI$	0.957
信息共享—企业战略绩效	0.13	1.976 *	CFI	0.603
全模型	—	—	GFI	0.908

注：*** 表示在 0.001 的水平（双侧）上显著相关，** 表示在 0.01 的水平（双侧）上显著相关，* 表示在 0.05 的水平（双侧）上显著相关。

模型的绝对拟合指数中，X^2/df 的值为 9.651，大于参考值 5，该指标不算太好（该参数受样本数量影响较大，鉴于本书样本规模较大，这个数值也是合理的）；$RMSEA$ 值为 0.089，小于参考值 0.1，该指标达到满意水平；$SRMR$ 为 0.072，小于参考值 0.08，该指标达到满意水平；$NNFI$ 为 0.957，大于参考值 0.9，该指标达到满意水平；CFI 为 0.603，小于参考值 0.9，该指标不佳；GFI 为 0.908，大于参考值 0.9，该指标达到满意水平。

通过前述的分析，中介效应模型的绝对拟合指标达到了满意水平，这说明模型的拟合情况较为理想。从中介效应的运行结果可知，董事会努力程度在任务导向董事会断裂带与企业战略绩效的关系中的中介效应不显著，因此 H6 未得到支持，董事会信息共享在任务导向董事会断裂带与企业战略绩效的关系中起完全中介效应，因此 H7 得到本书的数据支持。

二、偏差校正的非参数百分位法

本书采用偏差校正的非参数百分位 Bootstrap 法再次进行中介效应的检

验。在原有数据基础上，通过重复随机抽样的方法抽取 1000 个 Bootstrap 样本，对生成和保存的 1000 个中介效应估计值进行大小排序，并由此获得 95% 的中介效应置信区间，检验结果见表 4.9。

表 4.9 中介效应 Bootstrap 回归结果

检验过程	Co. ef.	Z	P	Conf. Interval
Fau→StrPer	−0.390	2.487	0.014	[0.3604, 1.8190]
Fau→Efort→Strper	−0.240	1.498	0.113	[−0.1946, 1.2677]
Fau→InfSha→Strper	−0.189	2.19	0.024	[0.3706, 0.4630]

在任务导向董事会断裂带（Fau）对企业战略绩效（StrPer）的影响关系中，董事会努力程度的间接效应值为 −0.240（$p > 0.10$），95% 的置信区间为 [−0.1946, 1.2677]；直接效应值为 −0.390（$p < 0.05$），95% 的置信区间为 [0.3604, 1.8190]。由于努力程度间接效应值 95% 的置信区间包括 0，所以董事会努力程度的中介效应并不显著。在任务导向董事会断裂带（Fau）对企业战略绩效（StrPer）的影响关系中，信息共享的间接效应值为 −0.189（$p < 0.05$），95% 的置信区间为 [0.3706, 0.4630]。由于董事会信息共享间接效应 95% 的置信区间不包括 0，因此信息共享中介了任务导向董事会断裂带和企业战略绩效之间的关系。

三、中介效应检验结果小结

本章讨论了任务导向董事会断裂带、董事会决策行为和企业战略绩效三者之间的关系。应用层级回归分析技术，本章首先考察了任务导向董事会断裂带对企业战略绩效影响的主效应；接下来考察了任务导向董事会断裂带对董事会努力程度和信息共享的影响，以及董事会努力程度和信息共享对企业战略绩效的影响；在此基础上，本书运用巴伦和肯尼（1986）检验中介效应的方法，对董事会努力程度和信息共享在任务导向董事会断裂带与企业战略绩效之间的中介效应进行了检验，结果表明董事会信息共享在任务导向董事会断裂带与企业战略绩效之间起部分中介效应，董事会努力程度对任务导向董事会断裂带与企业战略绩效关系的中介效应仅在边际上得到支持。

接下来，本书运用结构方程模型和路径分析技术进一步对主要变量之间的关系进行稳健性检验，虽然基于不同统计方法得到的研究结果略有不同，但大部分研究假设都得到了支持，说明基于层级回归得到的研究结果比较稳健。

本章假设检验结果如表 4.10 所示。

表 4.10   中介效应检验结果小结

研究假设	假设内容	OLS 回归结果	结构方程模型运行结果
H1	任务导向董事会断裂带强度越大，企业战略绩效越差	支持	支持
H2	任务导向董事会断裂带强度越大，董事会努力程度越低	支持	支持
H3	任务导向董事会断裂带强度越大，董事会信息共享越少	支持	支持
H4	董事会努力程度越高，企业战略绩效越好	支持	不支持
H5	董事会信息共享程度越多，企业战略绩效越好	支持	支持
H6	董事会努力程度在任务导向董事会断裂带与企业战略绩效的关系中起中介效应	支持	不支持
H7	董事会信息共享在任务导向董事会断裂带与企业战略绩效的关系中起中介效应	支持	支持

第五章
董事长职能背景与董事会持股比例的调节效应

董事会断裂带与企业战略绩效之间的关系是一个看似简单，实际却很复杂的问题。已有学者研究表明，作为公司治理领域的特殊决策群体，董事会群体断裂带与企业绩效之间的关系会受到董事会情境因素的调节。

自 2005 年中国证监会出台股权分置改革方案以来，我国股市慢慢向"全流通"时代过渡。随着中国资本市场的不断完善，提高董事会持股比例是否会对任务导向董事会断裂带与企业战略绩效之间的关系产生影响？另外，在我国"尊卑上下、忠孝顺从"的儒家文化背景下，董事长职能背景是否会对任务导向董事会断裂带与企业战略绩效之间的关系产生调节？关于这些问题已有研究难以提供明确的答案。因此，本章立足于我国全流通时代的制度背景和高权力距离的文化环境，基于权变理论的基本观点，从个体和群体两个层面，深入考察董事长职能背景和董事会持股比例两个董事会情境变量对任务导向董事会断裂带与企业战略绩效关系的调节作用。

第一节　变量关系假设

一、董事长职能背景调节效应假设

高阶梯队理论认为，企业的战略选择以及价值创造会受到组织中处于强势地位高管成员的影响①。作为公司治理领域的特殊决策群体，董事会包含了具有不同知识、技能和动机的成员，董事长对于决定董事会成员的行为和效能至关重要②③，甚至在一定程度上决定了整个董事会的文化氛围。

劳伦斯和洛尔施（Lawrence and Lorsch，1967）指出，作为一个有效的整合者（integrators）需要具备广泛的工作经验和平衡能力。有效的董事长应该能够控制董事会会议议程，提出需要讨论的问题，创造一种和谐、包容的董事会文化以及促进董事会成员之间的信息共享。④ 卡卡巴德斯和巴勒特（Kakabadse and Barratt，2006）认为，最有效的董事长应该是一个对下属需求非常敏感的边界扫描者，能够为所有董事会成员提供一个参与决策的平台，有效管理董事会内部的社会动态性。笔者进一步指出，有效的董事长至关重要的领导能力之一是"能够促进公开讨论"⑤。

学者们的实证研究也支持了上述观点。布尔等（Buyl et al.，2011）运用对荷兰和比利时信息技术行业 33 个公司高管问卷调查获取数据的研究表明，CEO 职能背景调节了高管团队职能背景多样性与公司绩效之间的关系，具体表现为当 CEO 具有广泛的职能背景时，二者之间的正相关关系得以增强。哈里森和默里（Harrison and Murray，2013）运用扎根理论对加拿大非营利组织董事长领导力进行了研究，认为董事长领导力受其知识、技能、能力以及有形/无形领导行为影响⑥。以挪威 140 家中小企业为样本，基于团队过程视角，马霍尔德等（Machold et al.，2011）

---

① Hambrick D. C, Mason P. A. Upper Echelons: The Organization as a Reflection of Its Top Managers [J]. Academy of Management Review，1984，9（2）：193 – 206.

② Payne G. T, Benson G. S, Finegold D. L. Corporate Board Attributes, Team Effectiveness and Financial Performance [J]. Journal of Management Studies，2009，46（4）：704 – 731.

③ Roberts J, Mcnulty T, Stiles P. Beyond Agency Conceptions of the Work of the Non – Executive Director: Creating Accountability in the Boardroom [J]. British Journal of Management，2005，16（s1）：S5 – S26.

④ Leblanc R, Schwartz M. S. The Black Box of Board Process: Gaining Access to a Difficult Subject [J]. Corporate Governance: An International Review，2007，15（5）：843 – 851.

⑤ Kakabadse A, Kakabadse N. K, Barratt R. Chairman and Chief Executive Officer（CEO）: That Sacred And Secret Relationship [J]. Journal of Management Development，2006，25（2）：134 – 150.

⑥ Harrison Y. D, Murray V, Cornforth C. The Role and Impact of Chairs of Non – Profit Boards [M]. Routledge: New York, NY, USA, 2013.

对董事长领导方式与董事会成员战略参与之间的关系进行了研究，笔者发现董事长领导的有效性与董事长的职能背景息息相关，当董事长拥有广泛职能背景时有利于增强其领导的有效性，提高董事会成员的战略参与水平①。

根据相似吸引范式，和职能背景广泛的董事长相比，职能背景单一的董事长可能会对其他职能背景的董事持有偏见，对职能背景与其相似的董事更加支持。董事长在组织层级中独特的地位，导致不同子群体之间权力分布不对称。扎卡罗和克利莫斯基（Zaccaro and Klimoski，2002）研究表明②，不同子群体之间正式权力分布的不均衡会影响群体成员之间的信息交换和沟通，因为下属会根据其对权力持有者的预期而调整与上级的沟通行为，团队成员可能会报告上级想知道而非应该知道的。因而董事长对不同职能背景董事的刻板印象可能会降低董事会成员的心理安全感，阻碍了其他子群体成员对不同意见的表达，其结果可能会影响其他子群体成员对董事会决策过程的参与，强化了群体断裂带对董事会决策行为的消极影响。如邦德森（Bunderson，2003）研究发现，与 CEO 职能背景相似的高管团队成员决策参与水平更高③。因此，本书认为任务导向董事会断裂带对企业战略绩效的影响，会受到董事长职能背景的调节。

根据以上分析，我们提出如下假设：

H1：董事长职能背景在任务导向董事会断裂带对企业战略绩效影响的过程中存在调节效应。具体而言，当董事长涉猎广泛职能背景时，任务导向董事会断裂带与企业战略绩效之间的负相关关系被弱化；当董事长职能背景较为单一时，任务导向董事会断裂带与企业战略绩效之间的负相关关系被强化。

---

① Machold S, Huse M, Minichilli A, et al. Board Leadership and Strategy Involvement in Small Firms：A Team Production Approach [J]. Corporate Governance：an International Review, 2011, 19 (4)：368 – 383.

② Zaccaro S. J, Klimoski R. Board Leadership and Strategy Involvement in Small Firms：A Team Production Approach [J]. Group and Organization Management, 2002, 27 (1)：4 – 13.

③ Bunderson J. S. Team Member Functional Background and Involvement in Management Teams：Direct Effects and the Moderating Role of Power Centralization [J]. Academy of Management Journal, 2003, 46 (4)：458 – 474.

二、董事会持股比例调节效应假设

国内外学者关于董事会持股的研究由来已久，大部分研究主要基于委托代理理论的视角展开。1932 年，美国学者伯利和米恩斯在其著名的《现代公司与私有产权》中指出，随着公司制企业的迅速发展，现代公司日益呈现出股权结构分散、所有权和控制权分离两大特征，所有权和控制权的分离产生了公司不同利益主体之间的行为目标冲突[①]。他们进一步指出："让管理者拥有一定的股份，使他们的利益和股东利益趋于一致从而实现激励相容，则是最好的解决办法。"同样，詹森和麦克林（1976）指出："公司制企业通过采用管理层持股这种内在激励机制，可以在一定程度上解决代理问题。因为让管理者持有一部分公司的股份，可以实现管理者与公司股东的利益实现趋同，从而降低代理成本、提高公司价值。"[②]

根据委托代理理论的基本观点，激励机制是解决管理层和股东之间代理问题的重要途径（周仁俊和高开娟，2012）。作为一种长效激励机制，股权激励在国内外公司治理实践中得到了广泛的应用。群体断裂带的存在使得董事会内部不同子群体之间出现认同冲突，而提高董事会成员持股比例能够在董事会内部创造一种影响不同子群体成员之间相互作用的环境，进而对任务导向董事会断裂带与企业战略绩效之间的关系产生影响。如霍曼等（2008）研究表明，在多样性团队中设计合理的薪酬结构，有利于降低群体断裂带引致的消极影响，尤其是当薪酬结构能够穿越（cut through）群体断裂带并在不同子群体间形成超级认同时，调节作用更明显。卡奇马雷克等（2012）基于英国上市公司的研究发现，提高执行董事与绩效相关的薪酬能够强化执行董事对公司、董事会以及以股东价值的认同，实现其角色认同与股东期望相一致，弱化了董事会群体断裂带对企业价值的消极

[①] Berle A. A, Means G. G. C. The modern Corporation and Private Property [M]. Transaction Publishers, 1991.

[②] Jensen M. C, Meckling W. H. Theory of the Firm: Managerial Behavior, Agency Costs and Ownership Structure [J]. Journal of Financial Economics, 1976, 3 (4): 305 – 360.

影响①。

尽管所有组织都有其存在的理由，但是是否具有清晰的共享目标，不同公司之间存在很大差异，这种差异可能会受到团队领导力或外部环境（如市场）的影响。②例如，当公司中存在结果导向的企业文化时，团队的共享目标往往更清晰、更明确。共享目标对于团队有效性至关重要，因为它能够为团队成员提供一个共同的关注点、引导团队行为过程，同时为团队成员的自律提供参考。③

根据委托代理理论，提高董事会持股比例有利于在董事会成员和股东之间实现激励相容，董事会内部不同子群体更易达成明确的共享目标。董事会成员对共享目标的追求有利于降低子群体之间的对抗状态、促进董事会成员跨越断裂带进行合作，弱化群体断裂带对董事会决策资源整合的消极影响。为了实现公司长期的可持续发展，董事更有可能像股东的管家一样积极地参与到战略监督和战略参与活动中，进而带来企业战略绩效的提高。

所以，我们认为提高董事会持股比例有利于在不同子群体成员之间形成共享目标，强化公司董事对整个董事会和股东价值的认同，由任务导向群体断裂带产生的决策冲突、信息共享以及战略创新障碍会慢慢消失，削弱了董事会内部消极的社会分类过程对企业战略绩效的负面影响。

基于以上论证，本书认为提高董事会成员持股水平能够弱化任务导向董事会断裂带对企业战略绩效的消极影响，并提出如下假设：

H2：董事会持股比例在任务导向董事会断裂带对企业战略绩效影响的过程中存在调节效应。具体而言，当董事会持股比例高时，任务导向董事会断裂带与企业战略绩效之间的负相关关系会被弱化。

基于以上分析，我们构建的理论模型如图5.1所示。

① Kaczmarek S, Kimino S, Pye A. Board Task - Related Faultlines and Firm Performance: A Decade of Evidence [J]. Corporate Governance: An International Review, 2012, 20 (4): 337 – 351.

② Van Knippenberg D, Dawson J. F, West M. A, et al. Diversity Faultlines, Shared Objectives, and Top Management Team Performance [J]. Human Relations, 2011, 64 (3): 307 – 336.

③ Bezrukova K, Thatcher S, Jehn K. A, et al. The Effects of Alignments: Examining Group Faultlines, Organizational Cultures, and Performance [J]. Journal of Applied Psychology, 2012, 97 (1): 77 – 92.

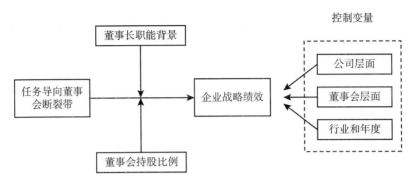

图 5.1 董事长职能背景与董事会持股比例调节效应理论模型

资料来源：笔者整理。

第二节 实证研究设计

本章的重点在于检验董事长职能背景和董事会持股比例在任务导向董事会断裂带与企业战略绩效之间所起的调节作用。我们首先采用相关分析法对变量之间的相关性进行初步判断，然后，在此基础上采用层级回归分析技术来检验董事长职能背景和董事会持股比例所起的调节作用，所有的分析均利用 SPSS19.0 统计软件来完成。

一、样本选择与数据来源

（一）样本选择

本书以沪深 300 成分股上市公司作为研究对象，来考察董事长职能背景与董事会持股比例两个董事会情境变量对任务导向董事会断裂带与企业战略绩效之间关系的调节作用。

之所以选择沪深 300 成分股上市公司，是由于这些公司为优质公司股票，覆盖了沪深市场六成左右的市值，具有良好的市场代表性。由于受世界金融危机的影响，全球市场处于震荡状态，为了使分析结果更加可信，本书利用金融危机结束后 2010～2012 年 3 年的数据，对董事长职能背景和董事会持股比例的调节效应进行考察。在样本选取过程中，考虑到金融类上市公司存在的行业特殊性，我们剔除了金融类上市公司。此外，本书还剔除了董事会成员人口统计特征不完整的公司，以及其他回归变量数据缺失的公司。

（二）数据来源

样本公司财务数据来源于国泰安数据中心的"中国上市公司财务指标分析数据库"，董事会治理数据来源于国泰安数据中心的"中国上市公司治理结构研究数据库"，董事长职能背景数据主要从巨潮资讯网各公司年度报告的"董事、监事、高级管理人员和员工情况"中手工整理而得；但由于部分上市公司年报没有提供董事会成员教育程度、职能背景和任期的完整信息，所以我们通过新浪财经、东方财富网等网站补充收集了这些信息。在这一过程中，为了确保数据的准确性和一致性，我们对不同渠道搜集的信息进行了对比分析。

二、变量设计与模型构建

（一）变量设计

本章重点旨在考察董事长职能背景和董事会持股比例两个董事会情境变量在任务导向董事会断裂带和企业战略绩效关系中所起的调节作用，因此，任务导向董事会断裂带是自变量，企业战略绩效是因变量，董事长职能背景和董事会持股比例是调节变量。任务导向董事会断裂带和企业战略绩效的变量设计与本书第四章相同，下面主要阐述董事长职能背景和董事会持股比例两个调节变量的定义和测量。

关于董事长职能背景，本书借鉴布尔等（2011）的做法用哑变量来表示[1]。当董事长同时涉及3个以上职能背景时，我们认为其职能背景比较广泛，用1来表示；否则认为董事长的职能背景比较单一，用0来表示。

---

[1] Buyl T, Boone C, Hendriks W, et al. Top Management Team Functional Diversity and Firm Performance: The Moderating Role of CEO Characteristics [J]. Journal of Management Studies, 2011, 48 (1): 151 – 177.

关于职能背景的分类，本书借鉴 Carpenter 和 Fredrickson（2001）以及周建等（2012）[1][2]，分为生产运营与研发、财务会计与金融、经营与管理、市场营销与销售、法律、人事、劳动关系及其他。

另外，已有学者研究表明，董事会规模、董事会成员与绩效相关的薪酬、董事会群体断裂带距离、公司规模，以及公司增长率对公司的战略选择或价值创造具有显著影响，因此在检验董事长职能背景与董事会持股比例调节效应时，与本书第四章相同，我们仍旧把以上 5 个变量作为控制变量。

（二）模型构建

根据前述分析和设计的变量，本书构建数学模型研究董事长职能背景和董事会持股比例对任务导向董事会断裂带与企业战略绩效关系的调节作用，并运用多元线性回归方法来检验本书提出的研究假设，方程的具体形式如下：

$$StrPer = a_0 + a_1 Fau + a_2 BCFunc + a_3 Fau \times BCFunc + CovVs + \varepsilon_1$$

（模型 5.1）

$$StrPer = b_0 + b_1 Fau + b_2 BStock + b_3 Fau \times BStock + CovVs + \varepsilon_2$$

（模型 5.2）

$$StrPer = c_0 + c_1 Fau + c_2 BStock + c_3 BCFunc + c_4 Fau \times BStock$$
$$+ c_5 Fau \times BCFunc + CovVs + \varepsilon_3 \qquad （模型 5.3）$$

其中，a_0、b_0、c_0 为方程的截距，$a_1 \sim a_3$、$b_1 \sim b_3$、$c_1 \sim c_5$ 为回归系数，$CovVs$ 为控制变量，$\varepsilon_1 \sim \varepsilon_3$ 为随机干扰项。

三、实证过程及结果

（一）董事长职能背景与董事会持股比例描述性统计

从表 5.1 中董事长职能背景与董事会持股比例的描述性统计结果可以看

---

[1] Carpenter M. A, Fredrickson J. W. Top Management Teams, Global Strategic Posture, and the Moderating Role Of Uncertainty [J]. Academy of Management Journal, 2001, 44 (3): 533 - 545.

[2] 周建，等. 董事会资本对企业 R&D 支出的影响研究：基于中国沪深两市高科技上市公司的经验证据 [J]. 研究与发展管理, 2012, 24 (1): 67 - 77.

出,我国沪深300成分股上市公司董事会持股比例的平均值为2.0871,表明样本公司董事会持股比例的平均值为2.0871。样本公司董事会持股比例的最大值为36.8040,最小值为0,标准差为6.0963,说明关于样本公司的董事会持股水平,不同公司之间存在很大差异。

表5.1　　　　　　　董事长职能背景与董事会持股比例描述性统计结果

变量名	均值	中位数	标准差	最大值	最小值
董事长职能背景	0.4700	0.0000	0.5000	1.0000	0
董事会持股比例	2.0871	0.0065	6.9063	36.8040	0

资料来源:本书基于统计分析而得。

另外,从沪深300成分股上市公司董事长职能背景的行业比较来看,不同行业上市公司董事长职能背景存在一定差异,房地产业、电力煤气和水的供应业、批发和零售贸易业、机械设备仪表业董事长职能背景多为通才,而电子业、金属非金属业、信息技术业以及医药生物制品业董事长多为专才,这说明不同行业特征对董事长的职能背景具有一定的影响。

表5.2列示了沪深300成分股上市公司不同行业董事会持股情况。从表5.2中可以看出,不同行业的上市公司董事会持股水平存在一定差异。批发零售贸易业、房地产业、电子业、机械设备仪表以及医药生物制品业董事会持股比例比较高,均值分别为13.7925、6.5906、5.8325、2.8973和2.5668,但所处这些行业的样本公司董事会持股比例存在较大差异;相比较而言,交通运输仓储、综合类、采掘业、食品饮料以及传播与文化产业董事会持股比例普遍较低,平均值分别为0.0038、0.0172、0.0143、0.0269和0.0277,可见不同行业上市公司之间对股权激励的运用程度并不相同。

表5.2　　　　　　　　　董事会持股比例行业比较

行业	均值	中位数	众数	标准差	最大值	最小值
房地产业	6.5906	0.0170	0.0000	12.9634	36.8000	0.0000
综合类	0.0172	0.0168	0.0000	0.0185	0.0500	0.0000
金属、非金属	0.0323	0.0029	0.0000	0.0875	0.3568	0.0000

行业	均值	中位数	众数	标准差	最大值	最小值
信息技术业	0.0997	0.1080	0.1398	0.0451	0.1398	0.0437
电力、煤气和水的生产和供应业	0.5041	0.0000	0.0000	0.7575	1.5628	0.0000
石化、塑胶、塑料	2.2333	0.0045	0.0000	4.4642	13.1934	0.0000
批发和零售贸易	13.7925	10.6025	1.1566	14.1971	29.6184	1.1566
机械、设备、仪表	2.8973	0.0049	0.0000	7.8968	32.0251	0.0000
医药、生物制品	2.5668	0.0453	0.0000	5.7526	16.0520	0.0000
食品、饮料	0.0269	0.0103	0.0000	0.0357	0.0918	0.0000
采掘业	0.0143	0.0011	0.0000	0.0302	0	0.0994
传播与文化产业	0.0277	0.0255	0.0000	0.0307	0.0639	0.0000
交通运输仓储业	0.0038	0.0000	0.0000	0.0216	0.1498	0.0000
电子业	5.8325	5.9164	5.4904	0.3088	6.0906	3.2207

资料来源：本书基于统计分析而得。

（二）变量的相关性分析

为了初步检验董事长职能背景与董事会持股比例对任务导向董事会断裂带与企业战略绩效关系的调节效应，本书对任务导向董事会断裂带、董事长职能背景、董事会持股比例以及企业战略绩效几个主要变量之间的相关性进行分析。

从表5.3中可以看出，董事长职能背景与企业战略绩效之间的关系和我们的预期相同，但不显著（$r = 0.035$，$p > 0.1$）；董事会持股比例与企业战略绩效正相关，但不显著（$r = 0.084$，$p > 0.1$）。以上结果意味着董事长职能背景和董事会持股比例可能是纯调节变量。另外，结果还显示企业战略绩效与董事长职能背景与任务导向董事会断裂带的交叉项存在显著的相关关系（$r = 0.146$，$p < 0.001$），初步表明董事长职能背景对任务导向董事会断裂带与企业战略绩效之间关系的调节效应显著；企业战略绩效与董事会持股比例与任务导向董事会断裂带交叉项的相关系数并不显著（$r = 0.003$，$p > 0.1$），初步表明董事会持股比例对任务导向董事会断裂带与企业战略绩效之间关系的调节作用不显著。所以本书需要进一步基于多元回归分析，对董事长职能背景和董事会持股比例在任务导向董事会断裂带与企业战略绩效之间的调节效应进行检验。

表 5.3　　　　　　　　　　自变量、调节变量与因变量相关性分析结果

变量	1. Fua	2. BStock	3. BCFunc	4. Fau × BStock	5. Fau × BCFunc	6. Strper
1. Fua	1	—	—	—	—	—
2. BStock	0.129*	1	—	—	—	—
3. BCFunc	−0.151*	−0.152*	1	—	—	—
4. Fau × BStock	0.246***	0.944***	−0.181**	1	—	—
5. Fau × BCFunc	0.403***	0.146*	−0.073	0.191**	1	—
6. Strper	−0.155**	0.084	0.035	0.003	0.146**	1

注：*** 表示在 0.001 的水平（双侧）上显著相关，** 表示在 0.01 的水平（双侧）上显著相关，* 表示在 0.05 的水平上显著相关，† 表示在 0.1 的水平（双侧）上显著相关。

（三）董事长职能背景与董事会持股比例调节效应回归过程及结果

H1 主张任务导向董事会断裂带与企业战略绩效之间的关系受到董事长职能背景的调节。具体而言当董事长涉猎广泛职能背景时，任务导向董事会断裂带与企业战略绩效之间的负相关关系会被弱化；当董事长职能背景较为单一时，任务导向董事会断裂带与企业战略绩效之间的负相关关系会被强化。表 5.4 模型 4 中任务导向董事会断裂带与董事长职能背景交叉项的系数显著为正（$\beta = 0.757$，$p < 0.001$），表明 H1 得到了支持，这一结果与布尔等（2011）的研究结论相同[①]。涉猎广泛职能背景的董事长作为不同子群体之间的桥梁和纽带，有利于促进不同子群体成员之间的联系和交流，增加子群体成员对整个董事会的认同，弱化了任务导向董事会断裂带对企业战略绩效的消极影响；而当董事长职能背景较为单一时，容易受职能背景

① Buyl T, Boone C, Hendriks W, et al. Top Management Team Functional Diversity and Firm Performance: The Moderating Role of CEO Characteristics [J]. Journal of Management Studies, 2011, 48 (1): 151 –177.

偏见和刻板印象的影响，加重了任务导向董事会断裂带对企业战略绩效的消极影响。

表5.4　　董事长职能背景与董事会持股比例调节效应回归结果

变量名称	模型 1	模型 2	模型 3	模型 4
$Incept$	0.569 ***	0.560 ***	0.536 ***	0.194 ***
	(0.073)	(0.074)	(0.076)	(0.308)
Fau_g	—	—	− 0.052 **	− 0.172 ***
	—	—	(− 0.020)	(0.050)
$BCFunc$	0.006	—	0.008	0.053
	(0.006)	—	(0.006)	(0.042)
$BStock$	—	0.001	0.001	0.105 *
	—	(0.000)	(0.000)	(0.045)
$Fau_g \times BCFunc$	—	—	—	0.757 ***
	—	—	—	(0.203)
$Fau \times BStock$	—	—	—	− 0.144 **
	—	—	—	(0.047)
$\ln Boa$	0.009	0.009	0.008	0.042
	(0.016)	(0.016)	(0.015)	(0.047)
$\ln Saly$	0.011 ***	0.011 ***	0.011 ***	0.142 ***
	(0.003)	(0.003)	(0.003)	(0.047)
D_g	0.032 **	0.034 **	0.033 **	0.133 **
	(0.010)	(0.010)	(0.010) **	(0.047)
$\ln size$	− 0.031 ***	− 0.031 ***	− 0.030 ***	− 0.427 ***
	(0.003)	(0.003)	(0.004)	(0.052)
$Growth$	0.395 ***	0.393 ***	0.395 ***	0.613 ***
	(0.028)	(0.028)	(0.028)	(0.042)
$Year$	控制	控制	控制	控制
$Indus$	控制	控制	控制	控制
R^2	0.601	0.602	0.606	0.651
$Adjust\ R^2$	0.583	0.584	0.586	0.632

变量名称	模型 1	模型 2	模型 3	模型 4
最大 VIF	1.504	1.504	1.562	1.823
F	33.259 ***	33.461 ***	30.461 ***	33.442 ***
Sig	0.000	0.000	0.000	0.000

注：*** 表示在 0.001 的水平（双侧）上显著相关，** 表示在 0.01 的水平（双侧）上显著相关，* 表示在 0.05 的水平（双侧）上显著相关。

H2 主张任务导向董事会断裂带与企业战略绩效之间的关系受到董事会持股比例的调节。具体而言，当董事会持股比例高时，任务导向董事会断裂带与企业战略绩效之间的负相关关系被弱化；当董事会持股比例低时，任务导向董事会断裂带与企业战略绩效之间的负相关关系被强化。模型 4 中任务导向董事会断裂带与董事会持股比例交叉项的系数显著为负（$\beta = -0.144$，$p < 0.01$），意味着当董事会持股比例高时，任务导向董事会断裂带对企业战略绩效的消极影响被增强了；当董事会持股比例低时，任务导向董事会断裂带对企业战略绩效的消极影响反而被削弱了。这一结果与我们的研究假设相反，所以 H2 没有得到支持。

（四）董事长职能背景与董事会持股比例调节效应图

基于前文的实证研究结果，我们做出调节效应图，以便更加清晰地对董事长职能背景与董事会持股比例对任务导向董事会断裂带强度与企业战略绩效关系的调节效应进行刻画。

1. 董事长职能背景调节效应图

董事长职能背景对任务导向董事会断裂带与企业战略绩效关系的调节作用如图 5.2 所示。

图 5.2 中实线表示董事长职能背景较为单一时，任务导向董事会断裂带对企业战略绩的影响；虚线表示董事长涉猎广泛职能背景时，任务导向董事会断裂带对企业战略绩效的影响。一般而言，如果变量之间不存在交互效应的话，两条曲线表现出平行的趋势；如果存在交互效应的话，两条曲线呈交叉的趋势。图 5.2 中两条曲线呈交叉趋势，表明两个变量之间的交互效应比较明显。

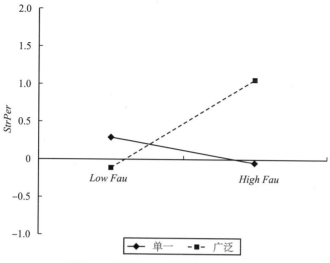

图5.2 董事长职能背景的调节效应

资料来源：笔者自制。

从图5.2中可以看出，实线的斜率为负，表明在董事长职能背景较为单一的情况下，任务导向董事会断裂带对企业战略绩效具有消极的影响。而虚线的斜率为正，表明在董事长涉猎广泛职能背景的情况下，任务导向董事会断裂带对企业战略绩效的影响由消极变为积极。所以，相对于由职能背景较为单一的董事长领导的董事会而言，当董事长涉猎广泛职能背景时，任务导向董事会断裂带对企业战略绩效的消极影响被弱化，甚至转变为积极的影响。

所以董事长职能背景对任务导向董事会断裂带与企业战略绩效关系的调节作用非常明显，H1得到了支持。

2. 董事会持股比例调节效应图

董事会持股比例对任务导向董事会断裂带与企业战略绩效关系的调节效应如图5.3所示。

图5.3中实线表示低董事会持股比例下任务导向董事会断裂带对企业战略绩效的影响，虚线表示高董事会持股比例下任务导向董事会断裂带对企业战略绩效的影响。图5.3的两条曲线呈交叉趋势，表明两个变量之间的交互效应比较明显。

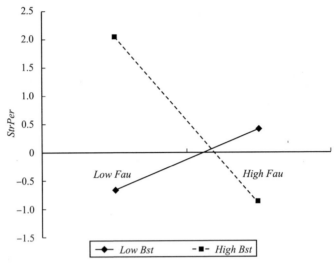

图 5.3　董事会持股比例的调节效应

资料来源：笔者自制。

从图 5.3 中可以看出，虚线的斜率为负，表明在董事会持股比例比较高的情况下，任务导向董事会断裂带对企业战略绩效具有消极的影响；实线的斜率为正，表明在董事会持股比例比较低的情况下，任务导向董事会断裂带对企业战略绩效具有积极的影响。即相对于高持股比例而言，当董事会持股比例较低时，任务导向董事会断裂带对企业战略绩效的消极影响被减弱，甚至转变为积极的影响，这和我们的研究假设相反，所以 H2 没有得到支持。

第三节　稳健性检验

为了对结果的稳健性进行考察，本书采用以下两种方法进行了稳健性检验。

一、改变检验方法

我们基于结构方程模型，应用路径分析技术，对董事长职能背景和董事会持股比例两个董事会情境变量在任务导向董事会断裂带与企业战略绩效之间的调节效应进行检验。

具体而言，我们以任务导向董事会断裂带作为自变量，董事长职能背景与董事会持股比例作为调节变量，企业战略绩效作为因变量构建结构方程模型，模型的运行结果如图5.4和表5.5所示。

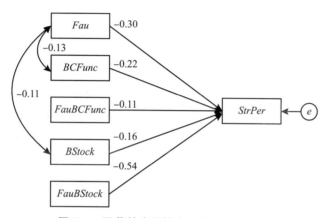

图5.4　调节效应结构方程模型运行结果

在图5.4中，*Fau* 表示任务导向董事会断裂带强度，*BCFunc* 表示董事长职能背景，*BStock* 表示董事会持股比例，*FauBCFunc* 表示任务导向董事会断裂带强度与董事长职能背景的交互项，*FauBStock* 表示任务导向董事会断裂带强度与董事会持股比例的交互项。调节效应检验主要关注交互项到因变量的路径系数是否显著。从表5.5中可见，交互项 *FauBCFunc* 对企业战略绩效（*StrPer*）影响的路径系数为正值（$\beta = 0.11$），且显著性水平小于1%，交互项 *FauBStock* 对企业战略绩效影响的路径系数为负（$\beta = -0.54$）且显著性水平小于0.1%。

表5.5　　　　　　　　调节效应结构方程模型运行结果

路径	路径系数	T 值	拟合指数	数值
断裂带强度—企业战略绩效	-0.30	-6.120^{***}	X^2/df	7.698
断裂带强度—董事长特征	-0.13	-2.156^{*}	*RMSEA*	0.072

续表

路径	路径系数	T 值	拟合指数	数值
断裂带强度—董事会持股	0.11	1.903†	SRMR	0.084
强度职能—企业战略绩效	0.11	−2.063**	NNFI	0.891
强度持股—企业战略绩效	−0.54	10.183***	CFI	0.885
全模型	—	—	GFI	0.942

注：*** 表示在 0.001 的水平（双侧）上显著相关，** 表示在 0.01 的水平（双侧）上显著相关，* 表示在 0.05 的水平（双侧）上显著相关，† 表示在 0.1 的水平（双侧）显著相关。

模型的拟合指数 X^2/df 为 7.698，略大于参考值 5，该指标不太理想（但该参数受样本数量影响较大，鉴于本书样本规模较大，这个数值也是合理的）；RMSEA 为 0.072，小于参考值 0.08，该指标达到满意水平；SRMR 为 0.084，略小于参考值 0.1，该指标达到合格水平；NNFI 为 0.891，接近参考值 0.9，该指标达到合格水平；CFI 为 0.885，接近参考值 0.9，该指标也达到合格水平；GFI 为 0.942，大于参考值 0.9，该指标达到满意水平。拟合情况虽未达到理想水平，但也是可以接受的。

总之，调节效应的运行结果表明，董事长职能背景特征负向调节了任务导向董事会断裂带强度与企业战略绩效之间的关系，且调节效应显著，所以 H1 得到了本书的数据支持。董事会持股比例正向调节了任务导向董事会断裂带强度与企业战略绩效之间的关系，且调节效应显著，与本书的 H2 相反，因此 H2 未得到支持。该结论与层级回归的结论相类似，意味着层级回归得到的结果非常稳健。

二、替换控制变量

我们用员工总人数的自然对数替换总资产的对数，用总资产增长率代替主营业务收入增长率，在控制了行业增长率和行业集中度后，再次对变量之间的关系进行检验，结果并未发生显著变化，进一步证明了本书的研究结论非常稳健。限于篇幅，本部分检验结果未在文中列示。

三、调节效应检验结果小结

本章基于董事长职能背景与董事会持股比例调节作用的视角，考察了董事会情境变量对任务导向董事会断裂带与企业战略绩效关系的影响。研究发现：董事长职能背景调节了任务导向董事会断裂带与企业战略绩效之间的关系，具体而言当董事长职能背景涉猎广泛时，任务导向董事会断裂带强度与企业战略绩效之间的负相关关系被弱化，而当董事长职能背景较为单一时，任务导向董事会断裂带强度与企业战略绩效之间的负相关关系被强化。董事会持股比例对任务导向董事会断裂带与企业战略绩效关系的调节效应虽然显著，但与我们所提出的研究 H2 相反。故 H2 没有得到支持。

接下来，本书运用结构方程模型进一步对董事长职能背景和董事会持股比例的调节效应进行稳健性检验，结构方程模型的运行结果与多元回归分析结果完全相同，说明基于多元回归分析得到的研究结果非常稳健，如表 5.6 所示。

表 5.6   调节效应检验结果小结

假设	假设内容	检验结果
H1	董事长职能背景在任务导向董事会断裂带对企业战略绩效影响的过程中存在调节效应	支持
H2	董事会持股比例在任务导向董事会断裂带对企业战略绩效影响的过程中存在调节效应	未支持

▌第六章▏
董事长职能背景与董事会
决策行为的联合效应

温忠麟等（2006）指出，如果一个模型当中除了自变量和因变量以外，同时还包含调节变量和中介变量。由于涉及多个中间变量，这些变量会因为在模型中处于不同的位置而具有不同的作用，或者是有调节的中介变量，或者是有中介的调节变量①。本书的第四章探讨了董事会努力程度和信息共享两个决策行为变量在任务导向董事会断裂带与企业战略绩效之间的中介效应，第五章考察了董事长职能背景和董事会持股比例两个董事会情境变量在任务导向董事会断裂带与企业战略绩效之间的调节效应。那么，董事会情境和董事会决策行为是否会对任务导向董事会断裂带对企业战略绩效之间的关系产生联合影响呢？

为了更加深入地分析董事会情境因素和决策行为对任务导向董事会断裂带与企业战略绩效之间关系的联合效应，本章把任务导向董事会断裂带、董事会情境因素、董事会决策行为和企业战略绩效放到一个整体模型中来考察。由于本书第五章的实证研究结果表明，董事会持股比例对任务导向董事会断裂带与企业战略绩效间关系的调节效应没有得到支持，所以本章仅考察董事长职能背景与董事会决策行为对任务导向董事会断裂带与企业战略绩效关系的联合影响。

---

① 温忠麟，张雷，侯杰泰. 有中介的调节变量和有调节的中介变量 [J]. 心理学报，2006，38（3）：448－452.

第一节　变量关系假设

在新古典经济学以及委托代理理论研究框架下，公司高层管理者特有的异质性被认为对企业决策过程影响甚微，而汉布里克和梅森（1984）提出的高阶梯队理论认为，高层管理者在企业组织中占有举足轻重的地位，处于强势地位高层管理者的认知模式在很大程度上决定了其对组织经营环境的理解，进而导致不同的战略选择和组织产出。① 董事长作为公司最重要的经营者代表，在高层管理者中处于核心位置，同时对董事会的有效性负最终责任，所以在中国情境下，董事长被认为是企业权力层级中最具影响力的人物。

塔格尔等（2010）研究结果表明，当 CEO 兼任董事长时，常常会利用其权力把董事会的注意力从战略监督问题转移到适合其自身利益的主题上来，减少了董事会对公司创业问题的讨论。② 布尔等（2011）基于高阶梯队理论指出，决定公司高层管理者行为的前因变量包括个人因素和环境因素，其中个人因素包括领导者个人特质和群体成员的人口统计特征，结果变量为群体效能、群体满意、组织承诺和组织绩效等；笔者进一步研究发现，领导者职能背景对高层管理团队成员的信息共享具有重要影响。③ 崔和奥莱利（Tsui and O'Reilly, 1989）研究发现，领导/下属的人口学特征差异与领导对下属的有效性评价之间呈负相关关系，而与下属的角色模糊感之间呈正相关关系，④ 这一结论对社会认同理论提供了较好的支持。在董事长诸多的人

---

① Hambrick D. C, Mason P. A. Upper Echelons: The Organization as a Reflection of Its Top Managers [J]. Academy of Management Review, 1984, 9 (2): 193 – 206.

② Tuggle C. S, Schnatterly K, Johnson R. A. Attention Patterns in the Boardroom: How Board Composition and Processes Affect Discussion of Entrepreneurial Issues [J]. Academy of Management Journal, 2010, 53 (3): 550 – 571.

③ Buyl T, Boone C, Hendriks W, et al. Top Management Team Functional Diversity and Firm Performance: The Moderating Role of CEO Characteristics [J]. Journal of Management Studies, 2011, 48 (1): 151 – 177.

④ Tsui A. S, O'Reilly C. A. Beyond Simple Demographic Effects: The Importance of Relational Demography In Superior – Subordinate Dyads [J]. Academy of Management Journal, 1989, 32 (2): 402 – 423.

口统计特征中，职能背景是决定其认知偏好的关键因素，在很大程度上代表了董事长具有的管理素质和能力。

当董事长涉猎广泛职能背景时，由于和不同职能背景董事之间互有交叉，所以彼此之间可以共享更多的知识和信息。尽管和职能背景较为单一的董事长相比，同时涉猎广泛职能背景的董事长所拥有的知识可能不够深入，但通才型董事长和其他董事会成员之间共同的职能经验有助于缩小彼此之间沟通的"语义鸿沟（semantic gap）"，增进董事会成员之间的交流和理解，促进不同子群体成员间的公开讨论，引导他们更多地融入董事会决策过程。此外，当董事长涉猎的职能背景较为广泛时，不容易受职能背景偏见和刻板印象的影响，更易于在董事会中创造一种开放和包容的董事会文化，与不同职能背景董事之间建立起更频繁的联系。而董事长与董事会成员之间联系强度的提高有利于增进不同子群体成员的相互理解，降低子群体间的关系冲突，拓宽董事会成员沟通的深度和广度，进而增强个体董事对董事会的归属感和承诺，提高董事会成员的努力程度和信息共享。

因此本书认为，由于可以发挥不同职能背景董事之间的桥梁作用，具有广泛职能背景的董事长能够更好地引导不同子群体成员之间的互动和交流。具体而言，当董事长涉猎广泛职能背景时，由于其职能经验与其他董事会成员互有交叉，因此能够在董事会内部快速地检索知识，更好地评价不同子群体成员提供的独特信息的价值。这反过来有利于促进不同子群体之间信息的汇集、整合和共享，增强了董事会成员对决策过程的参与，进而提高了董事会成员的监督和战略参与有效性。

因此本书认为，董事长职能背景对任务导向董事会断裂带与企业战略绩效关系的调节是通过对董事会决策行为的影响来实现的。

基于以上论证，本章提出如下假设：

H1：董事长职能背景在董事会决策行为对任务导向董事会断裂带与企业战略绩效影响的过程中存在有中介的调节效应。

H1a：董事长职能背景在董事会努力程度对任务导向董事会断裂带与企业战略绩效影响的过程中存在有中介的调节效应。

H1b：董事长职能背景在董事会信息共享对任务导向董事会断裂带与企

业战略绩效影响的过程中存在有中介的调节效应。

基于上述论证，本书构建了任务导向董事会断裂带、董事长职能背景、董事会决策行为和企业战略绩效间关系的概念模型（如图 6.1 所示）。

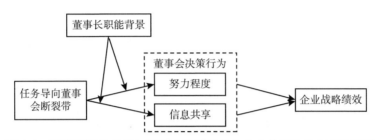

图 6.1 董事长职能背景与董事会决策行为有中介的调节效应理论模型

资料来源：笔者整理。

在图 6.1 中，任务导向董事会断裂带通过作用于董事会决策行为来影响企业战略绩效，董事长职能背景调节了任务导向董事会断裂带与董事会决策行为之间的关系，调节效应（至少部分地）通过中介变量而起作用。温忠麟、张雷和侯杰泰（2006）称这样的调节变量为有中介的调节变量（mediated moderator）。

第二节 实证研究设计

一、联合效应检验步骤

根据温忠麟等（2006）[①]，本书基于以下思路检验有中介的调节效应：

第一步，做企业战略绩效对任务导向董事会断裂带、董事长职能背景、任务导向董事会断裂带×董事长职能背景的回归，任务导向董事会断裂带×

---

① 温忠麟，张雷，侯杰泰. 有中介的调节变量和有调节的中介变量 [J]. 心理学报，2006，38（3）：448-452.

董事长职能背景的系数应显著，说明董事长职能背景对任务导向董事会断裂带与企业战略绩效关系的调节效应显著。

第二步，做董事会决策行为对任务导向董事会断裂带、董事长职能背景、任务导向董事会断裂带×董事长职能背景的回归，任务导向董事会断裂带×董事长职能背景的系数应显著。

第三步，做企业战略绩效对任务导向董事会断裂带、董事长职能背景、任务导向董事会断裂带×董事长职能背景、董事会努力程度和信息共享的回归，董事会努力程度和信息共享的系数应显著。

从上面的步骤可以看出，检验有中介的调节效应时，首先要检验调节效应，然后再检验中介效应。此外，检验以上变量之间关系时，需要预先将自变量、中介变量与调节变量进行归一化处理。

二、董事长职能背景与董事会决策行为联合效应检验

（一）董事长职能背景对任务导向董事会断裂带与决策行为调节效应检验

1. 相关性分析

本书首先检验主要研究变量之间的相关关系，检验结果如表6.1所示。

从表6.1中可以看出，董事长职能背景与企业战略绩效正相关（$r = 0.035$，$p > 0.1$）但不显著，董事长职能背景与任务导向董事会断裂带强度的交叉项与企业战略绩效显著正相关（$r = 0.146$，$p < 0.05$），董事长职能背景与任务导向董事会断裂带强度的交叉项与努力程度显著正相关（$r = 0.196$，$p < 0.01$），董事长职能背景与任务导向董事会断裂带强度的交叉项与信息共享显著正相关（$r = 0.194$，$p < 0.01$），初步表明董事长职能背景对任务导向董事会断裂带与董事会决策行为之间关系的调节效应显著。另外，主要研究变量之间 pearson 相关系数最大值的绝对值为0.403，表明变量之间不存在严重的多重共量线性问题。

接下来，本书运用层级回归技术进一步对董事长职能背景有中介的调节

效应进行检验。

表 6.1　　　　　　董事长职能背景与董事会决策行为相关性分析结果

主要变量	1. Fua	2. BCFunc	3. Efort	4. InSha	5. StrPer	6. Fua × BCFunc
1. Fua$_g$	1	—	—	—	—	—
2. BCFunc	− 0. 145 *	1	—	—	—	—
3. Efort	− 0. 124 *	− 0. 034	1	—	—	—
4. InSha	− 0. 029	0. 165 **	0. 243 ***	1	—	—
5. StrPer	− 0. 155 **	0. 035	0. 054	0. 137 *	1	—
6. Fua × BCFunc	0. 403 ***	− 0. 073	0. 196 **	0. 194 **	0. 146 **	1

注： *** 表示在 0. 001 的水平（双侧）上显著相关， ** 表示在 0. 01 的水平（双侧）上显著相关， * 表示在 0. 05 的水平（双侧）上显著相关。

2. 层级回归过程及结果

基于前述检验步骤，我们利用 SPSS19. 0 统计软件进行有中介的调节效应检验。以下步骤的检验均采用进入（Enter）的方式进行回归分析，然后通过观察回归模型的 F 值和回归系数来判断检验步骤是否通过。由于研究变量之间存在一定的相关性，本书在分析过程中同时进行多重共线性（ VIF ）检验。

第一步是检验董事长职能背景对任务导向董事会断裂带与企业战略绩效之间关系的调节效应，该步骤已经在本书第五章完成。研究结果表明，董事长职能背景在任务导向董事会断裂带对企业战略绩效的影响过程中存在调节效应。

第二步是检验董事长职能背景对任务导向董事会断裂带与董事会决策行为之间关系的调节效应。具体做法是，分别进行董事会努力程度和信息共享对任务导向董事会断裂带、董事长职能背景、任务导向董事会断裂带 × 董事长职能背景的回归，任务导向董事会断裂带 × 董事长职能背景的系数应该显著。

第二步的检验结果如表 6. 2 所示。

表 6.2　　　　　　　　　有中介的调节效应第二步检验结果

变量名称	董事会努力程度		董事会信息共享	
	模型 1	模型 2	模型 3	模型 4
$Incept$	-0.512	-0.836†	-1.673*	-1.904***
	(0.510)	(0.494)	(0.494)	(0.488)
Fau_g	-0.122*	-0.248**	-0.030	-0.120†
	(0.079)	(0.081)	(0.077)	(0.080)
$BCFunc$	-0.001	-0.021	-0.117	-0.131
	(0.071)	(0.068)	(0.069)	(0.067)
$Fau_g \times BCFunc$	—	1.452***	—	1.040**
	—	(0.333)	—	(0.329)
$\ln Boa$	-0.095	-0.035	-0.200**	-0.158*
	(0.078)	(0.076)	(0.076)	(0.075)
$\ln Salar$	0.218**	0.239**	0.194**	0.209**
	(0.078)	(0.075)	(0.076)	(0.074)
$\ln Asset$	0.122	0.045	-0.102	-0.157*
	(0.083)	(0.081)	(0.080)	(0.080)
$Growth$	-0.025	-0.065	-0.022	-0.051
	(0.072)	(0.069)	(0.070)	(0.069)
D_g	-0.052	-0.040	-0.051	-0.043
	(0.079)	(0.075)	(0.076)	(0.075)
$Year$	控制	控制	控制	控制
$Indus$	控制	控制	控制	控制
R^2	0.105	0.184	0.161	0.201
$Adjust R^2$	0.059	0.138	0.118	0.156
最大 VIF	1.562	1.640	1.562	1.640
F	2.313***	4.026***	43.785***	4.505***

注：*** 表示在0.001的水平（双侧）上显著相关，** 表示在0.01的水平（双侧）上显著相关，* 表示在0.05的水平（双侧）上显著相关，† 表示在0.1的水平（双侧）上显著相关，括号中的数字为估计标准误。

表 6.2 中模型 2 表示董事会努力程度对控制变量、任务导向董事会断裂带、董事长职能背景、任务导向董事会断裂带 × 董事长职能背景的回归结果。F 值为 4.026，$p < 0.001$，所以模型 2 通过了 F 检验。模型 2 的调整 R^2 为 0.138，意味着预测变量解释了 13.80% 的变异；和模型 1 相比，引入交叉项后模型的解释力度明显提高（$\Delta R^2 = 0.079$）。从模型 2 中可以看出，VIF 值最大为 1.640，远小于临界值 10，所以模型并不存在严重的多重共线性问题。模型 2 的检验结果表明，任务导向董事会断裂带强度与董事长职能背景交叉项的系数显著为正（$\beta = 1.452$，$p < 0.001$），表明董事长职能背景对任务导向董事会断裂带与努力程度关系的调节作用显著。并且模型 1 和模型 2 中董事长职能背景（$BCFunc$）的系数都不显著，说明董事长职能背景与董事会努力程度之间是纯调节关系。

表 6.2 中模型 4 表示信息共享对控制变量、任务导向董事会断裂带、董事长职能背景、任务导向董事会断裂带 × 董事长职能背景的回归分析结果。F 值为 4.505，$p < 0.001$，所以模型通过了显著性检验。模型 4 的调整 R^2 为 0.156，意味着预测变量解释了 15.60% 的变异，表明引入交叉项后模型的解释力度较模型 3 有所提高（模型 3 的调整 R^2 为 0.118，$\Delta R^2 = 0.038$）。从模型 4 中可以看出，最大 VIF 值为 1.640，远小于临界值 10，所以模型的多重共线性问题并不严重。模型 4 的检验结果表明，任务导向董事会断裂带与董事长职能背景交叉项的系数为 1.040，显著性水平小于 0.01，表明董事长职能背景对任务导向董事会断裂带与董事会信息共享之间的关系具有调节作用。并且模型 3 和模型 4 中董事长职能背景（$BCFunc$）的系数都不显著，说明董事长职能背景与董事会信息共享之间是纯调节关系。

（二）调节效应图

基于前述实证研究结果，我们画出调节效应图，以便更加清晰地对董事长职能背景对任务导向董事会断裂带与董事会决策行为关系的调节效应进行刻画。

图 6.2 反映了董事长职能背景对董事会断裂带与董事会努力程度关系的调节作用模式。图 6.2 中实线表示当董事长职能背景较为单一时任务导向董

事会断裂带对董事会努力程度的影响，虚线表示当董事长涉猎广泛职能背景时任务导向董事会断裂带对董事会努力程度的影响。

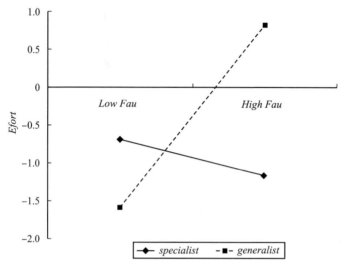

图6.2　董事长职能背景对任务导向董事会断裂带与努力程度关系的调节

资料来源：笔者自制。

从图6.2中可以看出，实线的斜率为负，表明在董事长职能背景较为单一的情况下，任务导向董事会断裂带对董事会努力程度具有消极的影响；虚线的斜率为正，表明当董事长涉猎多个职能领域时，任务导向董事会断裂带对董事会努力程度具有积极的影响。即相对于由职能背景较为单一的董事长领导的董事会而言，当董事长涉猎广泛职能背景时，任务导向董事会断裂带对董事会努力程度的消极影响被减弱，甚至由消极转变为积极。所以董事长职能背景对任务导向董事会断裂带与努力程度关系的调节作用非常明显，H1a得到了支持。

图6.3反映了董事长职能背景对任务导向董事会断裂带与董事会信息共享关系的调节作用。图6.3中实线表示董事长职能背景较为单一时，任务导向董事会断裂带对董事会信息共享的影响；虚线表示董事长涉猎广泛职能背景时，任务导向董事会断裂带对董事会信息共享的影响。

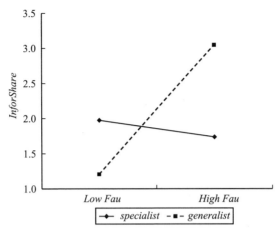

图 6.3 董事长职能背景对任务导向董事会断裂带与信息共享关系的调节

资料来源：笔者自制。

从图 6.3 中可以看出，实线的斜率为负，表明在董事长职能背景较为单一的情况下，任务导向董事会断裂带对董事会信息共享具有消极的影响；虚线的斜率为正，表明在董事长涉及多个职能领域的情况下，任务导向董事会断裂带对董事会信息共享具有积极的影响。即相对于由职能背景较为单一的董事长领导的董事会而言，当董事长涉猎广泛职能背景时，任务导向董事会断裂带对董事会信息共享的消极影响被减弱，甚至由消极转变为积极。所以董事长职能背景对任务导向董事会断裂带与董事会信息共享关系的调节作用非常明显，H1b 得到了支持。

综合以上论证可知，有中介的调节效应检验过程的第二步得以通过。

（三）董事长职能背景与董事会决策行为联合效应检验

第三步是做企业战略绩效对任务导向董事会断裂带、董事长职能背景、任务导向董事会断裂带×董事长职能背景、董事会决策行为（努力程度和信息共享）的回归，董事会决策行为（努力程度和信息共享）的系数应该显著。

回归分析结果见表 6.3。

表 6.3　　　　　　　　有中介的调节效应第三步检验结果

变量名称	模型 1	模型 2	模型 3	模型 4	模型 5
$Incept$	0.324	0.143	0.184 ***	0.291	0.292
	(0.316)	(0.308)	(0.310)	(0.318)	(0.319)
Fau_g	− 0.127 **	− 0.198 ***	− 0.186 ***	− 0.189 **	− 0.184 ***
	(0.049)	(0.051)	(0.052)	(0.051)	(0.052)
$BCFunc$	0.059	0.048	0.049	0.058	0.057
	(0.044)	(0.043)	(0.043)	(0.043)	(0.043)
$Fau_g \times BCFunc$	—	0.817 ***	0.745 ***	0.736 ***	0.713 ***
	—	(0.208)	(0.217)	(0.212)	(0.218)
$Efort$	—	—	0.050	—	0.023
			(0.044)		(0.048)
$InfSha$	—	—	—	0.078 *	0.068 *
				(0.045)	(0.049)
$\ln Board$	0.025	0.058	0.06	0.071	0.070
	(0.048)	(0.048)	(0.048)	(0.048)	(0.048)
$BSalay$	0.063 ***	0.013 ***	0.163 ***	0.158 ***	0.155 ***
	(0.048)	(3.832)	(0.048)	(0.047)	(0.048)
$\ln size$	− 0.438 ***	− 0.481 ***	− 0.484 ***	− 0.467 ***	− 0.472 ***
	(0.051)	(0.051)	(0.051)	(0.051)	(0.051)
$Growth$	0.622 ***	0.600 ***	0.603 ***	0.604 ***	0.605 ***
	(0.405)	(0.043)	(0.043)	(0.043)	(0.043)
D_g	0.158 ***	0.164 ***	0.166 ***	0.168 ***	0.168 ***
	(0.049)	(0.047)	(0.047)	(0.047)	(0.047)
$Year$	控制	控制	控制	控制	控制
$Indus$	控制	控制	控制	控制	控制
R^2	0.606	0.634	0.637	0.640	0.644
$Adjust\ R^2$	0.586	0.614	0.615	0.618	0.626
最大 VIF	1.562	1.640	1.713	1.672	1.714
F	30.421	30.084	28.637	29.037	26.715
Sig	0.000	0.000	0.000	0.000	0.000

注：*** 表示在 0.001 的水平（双侧）上显著相关，** 表示在 0.01 的水平（双侧）上显著相关，* 表示在 0.05 的水平（双侧）上显著相关，括号中的数字为估计标准误。

从表6.3中可知，模型1表示企业战略绩效对控制变量、任务导向董事会断裂带（自变量）、董事长职能背景（调节变量）的回归结果。从模型1中可以看出，加入了调节变量董事长职能背景（BCFunc）后，任务导向董事会断裂带（Fau）对企业战略绩效（StrPer）的影响仍然显著为负。在控制变量中，除了独立董事比例之外，公司规模、成长性、董事会薪酬、断裂带距离均对企业战略绩效具有显著的影响，证明我们选取的控制变量是有效的。

模型2表示企业战略绩效对控制变量、任务导向董事会断裂带（自变量）、董事长职能背景（调节变量）、任务导向董事会断裂带×董事长职能背景的回归结果。从模型2中可以看出，任务导向董事会断裂带（Fau）和董事长职能背景（BCFunc）的交互项 $Fau_g \times BCFunc$ 与企业战略显著为正，说明董事长职能背景弱化了任务导向董事会断裂带对企业战略绩效的消极影响。

模型3表示企业战略绩效对控制变量、任务导向董事会断裂带（自变量）、董事长职能背景（调节变量）、任务导向董事会断裂带×董事长职能背景、董事会努力程度的回归结果。模型3的回归结果表明，董事长职能背景对任务导向董事会断裂带与企业战略绩效的调节作用仍然显著（$\beta = 0.745$，$p < 0.001$），但董事会努力程度对企业战略绩效的影响并不显著。

模型4表示企业战略绩效对控制变量、任务导向董事会断裂带（自变量）、董事长职能背景（调节变量）、任务导向董事会断裂带×董事长职能背景、董事会信息共享的回归结果。模型4回归结果显示，董事会信息共享（InfSha）与企业战略绩效显著为正（$\beta = 0.078$，$p < 0.10$），同时董事长职能背景对任务导向董事会断裂带与企业战略绩效的调节作用仍然显著（$\beta = 0.736$，$p < 0.001$）。

模型5表示企业战略绩效对控制变量、任务导向董事会断裂带（自变量）、董事长职能背景（调节变量）、任务导向董事会断裂带×董事长职能背景、董事会努力程度以及信息共享的回归结果。5个模型的 F 值分别为30.421、30.084、28.637、29.037和26.715，且均通过了显著性检验（p 值均小于0.001）。

另外，从表6.3可以看出，5个模型中董事长职能背景与企业战略绩效关系的系数为正，但均不显著（$p > 0.10$），表明董事长职能背景与企业战略绩效之间是纯调节关系，即董事长职能背景并不直接对企业战略绩效产生影响。模型2、模型3、模型4和模型5的回归结果表明，任务导向董事会断裂带强度与董事长职能背景的交叉项系数显著为正（$p < 0.001$），表明董事长职能背景对任务导向董事会断裂带强度与企业战略绩效之间的关系起反向调节作用。模型3和模型5的回归结果表明，董事会努力程度的系数为正，但显著性水平大于10%，意味着在董事长职能背景对任务导向董事会断裂带与企业战略绩效调节的效应中，董事会努力程度所起的中介作用并不显著；模型4和模型5的回归结果表明，董事会信息共享与企业战略绩效显著正相关（β 分别为 0.078 和 0.068，$p < 0.05$），表明董事长职能背景对任务导向董事会断裂带与企业战略绩效关系的调节完全通过董事会信息共享这一中介变量起作用。所以H1a没有得到支持，H1b得到了支持。

董事长职能背景有中介的调节效应依次检验结果如表6.4所示。

表6.4　董事长职能背景与董事会决策行为有中介的调节效应依次检验结果

标准化回归方程	回归系数检验
$Y = -0.172^{***}X + 0.053U + 0.757^{***}UX$	$t = -3.343^{***}$；$t = 1.402^{***}$；$t = 3.732^{***}$
$W = -0.120^{***}X - 0.131U + 1.040^{*}UX$	$t = -3.164^{***}$；$t = 1.071$；$t = 1.977^{*}$
$Y = -0.184^{***}X + 0.057U + 0.713^{***}UX + 0.068^{*}W$	$t = -3.453^{***}$；$t = 1.322$；$t = 3.648^{***}$；$t = 2.064^{*}$

注：*** 表示在0.001的水平（双侧）上显著相关，* 表示在0.05的水平（双侧）上显著相关。方程中 X 表示自变量，Y 表示因变量，U 表示调节变量，W 表示中介变量。

通过上面的分析得知，董事长职能背景有中介的调节效应3个检验步骤全部通过，说明任务导向董事会断裂带与企业战略绩效之间有中介的调节效应假设模型成立。董事长职能背景对任务导向董事会断裂带与企业战略绩效关系的调节完全通过对董事会信息共享的影响而起作用。

第三节　稳健性检验

为了对结果的稳健性进行检验，本书构建了结构方程模型，运用路径分析技术对董事长职能背景与董事会决策行为的联合效应进行检验。

一、路 径 分 析 法

具体而言，我们以任务导向董事会断裂带（*Fau*）为自变量；董事会决策行为，即努力程度（*Effort*）和信息共享（*InfSha*）为中介变量；董事长职能背景（*BCFunc*）为调节变量；企业战略绩效（*StrPer*）为因变量；构建结构方程模型，运行结果如图 6.4 和表 6.5 所示。

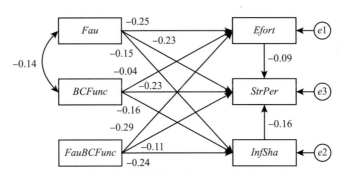

图 6.4　有中介的调节效应结构方程模型运行结果

图 6.4 中，*Fau* 表示任务导向董事会断裂带强度，*BCFunc* 表示董事长职能背景，*FauBCFunc* 表示任务导向董事会断裂带强度与董事长职能背景的交互项。

表 6.5　　　　　有中介的调节效应结构方程模型运行结果

路径	路径系数（Beta）	T 值	拟合指数	数值
Fau – Effort	− 0.25	− 3.990 ***	X^2/df	7.473
Fau – BCFunc	− 0.14	− 2.156 *	*RMSEA*	0.07
Fau – StrPer	− 0.23	− 3.486 ***	*SRMR*	0.091
Fau – InfSha	− 0.15	− 2.393 *	*NNFI*	0.873
BCFunc – Effort	− 0.04	− 0.590	*CFI*	0.439

路径	路径系数（Beta）	T 值	拟合指数	数值
BCFunc – StrPer	0.23	3.635 ***	*GFI*	0.900
BCFunc – InfSha	−0.16	−2.548 *	—	—
Fau × BCFunc – Efort	0.29	4.642 ***	—	—
Fau × BCFunc – StrPer	0.11	1.633	—	—
Fau × BCFunc – InfSha	0.24	3.821 ***	—	—
Effort – StrPer	−0.09	−1.360	—	—
InfSha – StrPer	0.16	2.417 *	—	—

注：*** 表示在 0.001 的水平（双侧）上显著相关，* 表示在 0.05 的水平（双侧）上显著相关。

在检验有中介的调节效应时，第一步检验调节效应，第二步检验中介效应。表 6.5 显示，交互项 *Fau × BCFunc* 到信息共享（*InfSha*）的路径系数为正值（$\beta = 0.24$）且显著性水平小于 0.001，交互项 *Fau × BStock* 到努力程度的路径系数为正值（$\beta = 0.29$）且显著性水平小于 0.001，说明董事长职能背景在任务导向董事会断裂带与两个董事会决策行为变量之间的调节效应显著，所以有中介的调节效应第二步得以通过。

第三步是做企业战略绩效对任务导向董事会断裂带、董事长职能背景、任务导向董事会断裂带 × 董事长职能背景、董事会决策行为的回归，董事会决策行为的系数应该显著。从表 6.5 中可以看出，两个决策行为变量中，董事会努力程度对企业战略绩效影响的系数为负（$\beta = -0.09$），显著性水平大于 0.1，意味着在董事长职能背景对任务导向董事会断裂带与企业战略绩效调节的效应中，董事会努力程度所起的中介作用并不显著。董事会信息共享对企业战略绩效影响的系数为正（$\beta = 0.16$），显著性水平小于 0.05，意味着在董事长职能背景对群体断裂带与企业战略绩效调节的效应中，董事会信息共享所起的中介作用显著。

模型的绝对拟合指数中，X^2/df 的值为 7.473，略大于参考值 5，该指标不算太理想（但该参数受样本数量影响较大，鉴于本书样本规模较大，这个数值也是合理的）；*RMSEA* 值为 0.07，小于参考值 0.08，该指标达到满意水平；*SRMR* 为 0.091，小于参考值 0.1，该指标达到满意水平；*NNFI* 为 0.873，接近参考值 0.9，该指数达到合格水平；*CFI* 为 0.439，小于参考值 0.9，该指标不算太好；*GFI* 为 0.900，等于参考值 0.9，该指数达到满意水平。拟合情况虽未达到理想水平，但基本反映了变量之间的趋势，也是可以接受的。

总之，有中介的调节效应模型的检验结果表明，董事长职能背景对任务导向董事会断裂带与企业战略绩效的调节作用完全通过董事会信息共享来传导，即董事长职能背景在董事会信息共享对任务导向董事会断裂带与企业战略绩效影响的过程中存在有中介的调节效应，H1b 得到支持。但董事长职能背景在董事会努力对任务导向董事会断裂带与企业战略绩效影响的过程中有中介的调节效应不显著，H1a 未得到本书样本的支持。该结论与层级回归的结论相同，说明层级回归的结果非常稳健。

二、联合效应检验结果小结

本章主要考察了任务导向董事会断裂带、董事长职能背景、董事会努力程度和信息共享以及企业战略绩效之间的关系。我们构造了有中介的调节效应模型，并基于多元回归分析，验证了董事长职能背景和董事会决策行为对任务导向董事会断裂带与企业战略绩效关系的联合影响。研究表明，董事长职能背景对任务导向董事会断裂带与企业战略绩效关系的影响完全通过董事会信息共享来传导，即董事长职能背景与董事会决策行为联合影响了任务导向董事会断裂带与企业战略绩效之间的关系。

接下来，本书运用结构方程模型和路径分析技术，进一步检验了董事长职能背景和董事会决策行为对任务导向董事会断裂带与企业战略绩效的联合影响，结构方程模型的运行结果与多元回归分析结果完全相同，说明基于多元回归分析得到的研究结果非常稳健。

本章实证研究结果如表 6.6 所示。

表 6.6　　　　　　　　　　联合效应检验结果小结

假设	假设内容	结果
H1	董事长职能背景在董事会决策行为对任务导向董事会断裂带与企业战略绩效影响的过程中存在有中介的调节效应	部分支持
H1a	董事长职能背景在董事会努力程度对任务导向董事会断裂带与企业战略绩效影响的过程中存在有中介的调节效应	不支持
H1b	董事长职能背景在董事会信息共享对任务导向董事会断裂带与企业战略绩效影响的过程中存在有中介的调节效应	支持

第七章
结 论

　　本书的主要目的在于探索任务导向董事会断裂带对企业战略绩效的影响机制，深入考察董事会决策行为和董事会情境因素在任务导向董事会断裂带对企业战略绩效影响过程中的单独效应和联合效应。第一章为引言，介绍了本书的研究背景和研究问题、研究目的和研究意义、研究内容和研究方法；第二章对相关理论和研究文献进行了梳理与回顾；第三章对本书涉及的核心概念进行了界定，并构建了本书的理论研究模型；第四章检验了董事会决策行为在任务导向董事会断裂带与企业战略绩效之间的中介效应；第五章检验了董事长职能背景与董事会持股比例两个董事会情境变量在任务导向董事会断裂带与企业战略绩效之间的调节效应；第六章检验了董事长职能背景与董事会决策行为在任务导向董事会断裂带对企业战略绩效影响过程中的联合效应。经过前面六章的研究，基本上对任务导向董事会断裂带、董事会决策行为、董事长职能背景与企业战略绩效四个研究变量间的关系形成了清晰的认识，从总体构架层面揭示了任务导向董事会断裂带对企业战略绩效的影响机制。

　　本章旨在对前面研究的重要结论进行回顾与总结，其中第一节概括本书的主要结论，并归纳获得的启示、提出相关的对策建议；第二节对本书的特色与创新点进行提炼；第三节指出本书的局限性与不足之处，并对未来可能的研究方向进行了展望。

第一节　主要研究结论

自从 2008 年以美国次贷风波引发的全球金融危机以来，提高董事会当责成为世界各国理论界和实践界高度关注的热点话题，完善董事会制度，增强董事会有效性被认为是保证董事会当责的重要手段。然而关于董事会制度及其价值效应，国内外已有研究结论仍处于一种模糊的状态。学者们围绕董事会与企业战略绩效之间关系的研究主要沿着两个路径展开：其一是在委托代理理论框架下考察董事会构成对公司绩效的影响；其二是在资源依赖理论框架下分析董事会成员背景特征与企业战略选择之间的关系。董事会作为公司复杂决策控制系统的核心，其效能的提高离不开董事会成员之间的协调与配合，同时不可避免地会受到董事会成员决策行为过程的影响。而已有研究大多把董事会决策行为过程作为一个"黑箱"处理，直接考察董事会构成对公司绩效或战略选择的影响，从而导致实证研究结论并不一致。此外，在群体决策的组织情境下，董事会成员的决策行为会受到其成员类型（如独立董事还是执行董事）和认知特征（如职能背景、教育背景、组织任期等）的联合影响，把二者割裂开来进行研究，由于受遗漏变量偏差的影响，必然使研究结论有失偏颇。

那么，作为公司治理机制的核心和战略决策的能力来源，在同时考虑董事会成员分离互动及其结构特征和认知特征联合影响的情况下，董事会究竟如何影响企业战略绩效？劳和默宁翰（1998）提出的群体断裂带概念为我们提供了一个解决上述问题的巧妙工具。本书的主体内容就是基于我国转型经济的制度背景和独特的社会文化情境，深入分析任务导向董事会断裂带对企业战略绩效的影响机制，并以我国沪深 300 成分股上市公司为样本，对任务导向董事会断裂带与企业战略绩效之间的关系进行了实证检验，进而得出以下结论：

一、关于控制变量的研究结论

研究结果表明，董事会成员与绩效相关的薪酬、公司规模以及主营业务收入增长率对企业战略绩效具有显著的影响，这些结论与以往学者的研究结果比较一致。

在董事会规模与企业战略绩效的关系上，国外有学者认为大规模的董事会能够提供更丰富的资源，对企业价值具有积极的促进作用。本书研究结果表明，董事会规模与企业战略绩效正相关但并不显著，此结论与国外学者的研究并不完全一致。可能的原因在于：大规模的董事会虽然能够带来更多的战略决策资源，但是随着董事会规模的扩大会导致更高程度的决策冲突，在我国传统文化强调和谐的背景下，群体成员之间的冲突会降低企业凝聚力甚至导致成员离职，进而给企业战略绩效带来消极影响。所以未来应开展不同文化背景下董事会规模价值效应的对比研究。

本书探索性地研究了任务导向董事会断裂带距离与企业战略绩效之间的关系，我们发现任务导向董事会断裂带距离与企业战略绩效显著正相关，即任务导向董事会断裂带距离越大，越有利于提高企业战略绩效。

根据委托代理理论的思想，独立董事的引入有助于提高董事会的独立性和客观性，降低代理成本，提高企业价值[1][2]。如孙文（2009）研究发现，随着我国央企董事会独立董事比例的提高，独立董事的"独立"角色更加突出，在抑制管理层过度投资行为方面发挥的作用更加显著[3]。所以，保持董事会的独立性，是实现其客观评价公司战略决策和监督管理层的前提和基础。独立董事和执行董事子群体之间较大的断裂带距离，使得独立董事受管理层影响的概率大大降低，更容易保持独立客观的判断，而不会受管理层操纵和控制，进一步提高了董事会的独立性，有利于董事会更好地履行战略监督和战略参与职责。

二、关于中介效应的研究结论

根据巴伦和巴尼（1986）中介效应的检验步骤，本书首先检验了任务导向董事会断裂带对企业战略绩效的主效应，然后对董事会决策行为（努力程

① Jensen M. C, Meckling W. H. Theory of the Firm: Managerial Behavior, Agency Costs and Ownership Structure [J]. Journal of Financial Economics, 1976, 3 (4): 305 - 360.

② Fama E. F, Jensen M. C. Separation of Ownership and Control [J]. Journal of Law and Economics, 1983: 301 - 325.

③ 孙文. 中央企业控股上市公司董事会治理有效性研究 [D]. 天津：南开大学，2009.

度和信息共享）的中介效应进行了检验。

本书基于沪深300成分股上市公司的实证研究发现，任务导向董事会断裂带强度对企业战略绩效存在显著的负向影响，任务导向董事会断裂带强度越大，企业战略绩效越差。进一步分析我们发现，任务导向董事会断裂带能够明显地影响董事会成员的努力程度和信息共享，任务导向董事会断裂带强度越大，董事会成员的努力程度越低，信息共享越少。同时，基于层级回归的研究结果表明，董事会成员的努力程度和信息共享与企业战略绩效之间具有显著的正相关关系，董事会努力程度和信息共享水平越低，企业战略绩效相应地也越弱，而提高董事会成员的努力程度和信息共享，能够给企业战略绩效带来积极的促进作用。在此基础上，我们对董事会决策行为在任务导向董事会断裂带与企业战略绩效之间的中介效应进行了研究，结果发现：董事会决策行为在任务导向董事会断裂带对企业战略绩效产生作用的过程中发挥了部分中介效应。即任务导向董事会断裂带对企业战略绩效的影响通过董事会决策行为进行了传导。这一结果为我们深入了解任务导向董事会断裂带对企业战略绩效的作用过程提供了经验证据。

三、关于调节效应的研究结论

根据权变理论的基本思想，董事会作为一个复杂的决策控制系统，其战略监督和战略参与有效性会受到董事会情境因素的影响[①]；同时，已有研究表明，群体断裂带与群体效能的关系会受到情境因素的调节[②]。因此，本书基于我国全流通时代的制度背景和高权力距离的文化情境，选择董事长职能背景和董事会持股比例作为调节变量，运用温忠麟、侯杰泰和张雷（2005）开发的检验调节效应的方法[③]，实证检验了董事长职能背景和董事会持股比

---

① Kaczmarek S, Kimino S, Pye A. Board Task - Related Faultlines and Firm Performance: A Decade of Evidence [J]. Corporate Governance: An International Review, 2012, 20 (4): 337 - 351.

② Thatcher S. M. B, Patel P. C. Group Faultlines a Review, Integration, and Guide to Future Research [J]. Journal of Management, 2012, 38 (4): 969 - 1009.

③ 温忠麟，侯杰泰，张雷. 调节效应与中介效应的比较和应用 [J]. 心理学报，2005，37 (2): 268 - 274.

例对任务导向董事会断裂带与企业战略绩效之间关系的调节作用。

调节效应研究结论表明，董事长职能背景调节了任务导向董事会断裂带与企业战略绩效之间的关系。通过研究我们发现，当董事长涉猎广泛的职能背景时，任务导向董事会断裂带对企业战略绩效的消极影响会被弱化，当董事长职能背景较为单一时，任务导向董事会断裂带对企业战略绩效的消极影响会被强化，即董事长职能背景负向调节了任务导向董事会断裂带与企业战略绩效之间的关系。不过董事会持股比例对任务导向董事会断裂带与企业战略绩效关系的调节作用并不显著。

四、关于联合效应的研究结论

在中介效应和调节效应检验的基础上，为了深入把握任务导向董事会断裂带、董事长职能背景、董事会决策行为以及企业战略绩效之间的关系，从总体架构层面揭示任务导向董事会断裂带对企业战略绩效的内部作用逻辑，本书基于温忠麟、张雷和侯杰泰（2006）开发的步骤①，进一步检验了董事长职能背景和董事会决策行为对任务导向董事会断裂带与企业战略绩效关系的联合影响。研究结果表明，董事长职能背景在董事会决策行为对任务导向董事会断裂带与企业战略绩效影响的过程中存在中介的调节效应，董事长职能背景对任务导向董事会断裂带与企业战略绩效关系的调节完全通过对董事会成员信息共享的影响来传导。

本书主要研究变量之间的关系如图 7.1 所示。

在图 7.1 中，任务导向董事会断裂带为自变量，董事会决策行为是中介变量，包括努力程度和信息共享两个维度；董事会情境因素为调节变量，包括董事长职能背景和董事会持股比例两个维度；企业战略绩效为因变量。图 7.1 中的箭头方向为影响方向，"＋"表示积极的影响（或正向调节作用），"－"表示消极的影响（或负向调节作用）。董事会信息共享不但传导了任务导向董事会断裂带对企业战略绩效的影响，还对董事长职能背景与任务导向董事

---

① 温忠麟，张雷，侯杰泰. 有中介的调节变量和有调节的中介变量 [J]. 心理学报，2006，38（3）：448－452.

会断裂带的交互效应进行传导。

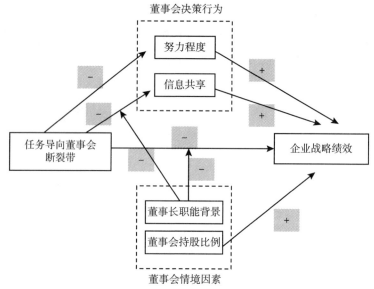

图 7.1　主要研究变量之间的关系

资料来源：笔者整理。

五、启示与对策建议

以沪深 300 成分股上市公司为研究样本，本书深入考察了任务导向董事会断裂带对企业战略绩效的作用机制，并探索了董事会决策行为对任务导向董事会断裂带与企业战略绩效的中介效应、董事长职能背景和董事会持股比例对任务导向董事会断裂带与企业战略绩效关系的调节效应，以及董事长职能背景与董事会决策行为对任务导向董事会断裂带与企业战略绩效关系的联合效应。这对于我国公司制企业通过构建科学的董事会制度来促进企业竞争优势的获取和延续具有一定的指导意义。

基于本书的研究结论，我们提出如下对策建议：

（一）建立科学的董事会选聘流程，完善董事会制度建设

研究显示，基于董事会成员类型、职能背景、教育程度、董事任期等任

务导向属性特征形成的断裂带在一定程度会妨碍企业战略绩效的提升，但任务导向董事会断裂带距离与企业战略绩效显著正相关。因此，企业应该重视董事会建设，通过科学、有效地进行董事会成员选聘来弱化任务导向董事会断裂带强度对企业战略绩效的消极影响，强化任务导向董事会断裂带距离对企业战略绩效的积极影响。

根据委托代理理论的基本思想，董事会作为公司治理体系的核心，既作为股东的委托人，对处于战略执行层的高级管理人员进行选任和监督，同时又是企业战略决策的制定者，扮演股东代理人的角色。所以，董事会处于委托代理链条中承上启下的枢纽环节，贯穿了企业战略决策的全过程，在某种意义上决定了公司治理的有效性和公司战略的成功①。

在转型经济背景下，我国的资本市场正在不断地走向规范化。董事会作为从行政型治理向经济型治理转型过程中一种重要的制度安排，具有商业实践和管理技能是其能够有效地履行战略职责的基础。所以，在董事会成员遴选时应该注意保持公司董事职能背景、教育背景、行业背景的结构平衡，将营销管理、技术研发、财务会计等方面的人才合理搭配。一方面，有助于实现董事会资本的结构优化，弥补高层管理团队决策资源的不足；另一方面，董事会成员职能背景、教育背景、行业背景相互交叉，可以作为不同子群体之间的桥梁和纽带，弱化任务导向董事会断裂带对董事会决策行为和企业战略绩效的消极影响。

（二）提高董事会成员的努力程度，促进董事会成员之间的信息共享

研究显示，董事会努力程度对企业战略绩效具有促进作用。因此，我国公司制企业在董事会建设过程中，应该采取措施提高董事会成员的努力程度，促进董事会成员之间的信息共享。

参与董事会会议是董事会成员获取公司层面信息的重要途径。考虑到我国上市公司连锁董事任职情况较为普遍，上市公司应该采取措施严格限定董

---

① 郑方. 治理与战略的双重嵌入性——基于连锁董事网络的研究 [J]. 中国工业经济，2011 (9)：108-118.

事会成员同时担任公司董事数量的上限，并对董事会成员在一定时期内投入到公司业务中的时间和精力进行考核。如对董事会成员在董事会会议中的发言记录、与高管人员进行的正式和非正式沟通情况等进行详尽追踪与记录，以促进董事会成员勤勉工作。另外，上市公司可以采取显性或隐性的激励措施，如借鉴澳大利亚银行业的做法，通过向董事会成员支付会议费来提高其参会的主动性和积极性。证券监管机构也可以通过制定一定的规章制度对董事会成员出席董事会会议情况进行管理，如要求公司在财务报告中对实际出席董事会会议次数低于应出席次数 1/4 的董事进行披露。

考虑到独立董事在拥有公司层面信息上存在的天然劣势，上市公司可以对董事会的运作流程进行规范和指导，对公司内部向独立董事发送的关于公司各项经营状况材料的质量和数量进行相应的要求①。

（三）重视董事长对董事会决策行为过程的引导作用

研究显示，任务导向董事会断裂带与企业战略绩效的关系会受到董事长职能背景的调节，和职能背景较为单一的董事长相比，当董事长同时涉猎广泛职能背景时，会弱化任务导向董事会断裂带对企业战略绩效的消极影响。同时，董事长职能背景对任务导向董事会断裂带与对企业战略绩效关系的影响完全通过对董事会成员信息共享的作用来传导。所以，董事长在董事会决策过程中处于举足轻重的地位，是影响企业存续和发展的重要因素。

根据系统动力学的观点，董事会的有效性离不开董事会成员的协调配合。当任务导向董事会断裂带强度较大时，会导致董事会成员产生认同冲突，阻碍了董事会对战略决策资源的整合，延缓了董事会达成战略决策共识的过程，削弱了董事会的战略监督和战略参与能力。当董事长涉猎广泛职能背景时，有利于检索分布在不同成员间各个维度的知识、观点和信息，促进董事会成员的信息共享，更好地实现独立董事与执行董事之间的信息整合，提高董事会战略监督和战略参与有效性。所以，对于群体断裂带强度较大的公司，在董事长选聘上可以考虑选择涉猎广泛职能背景的成员来担任。

---

① 宁向东，崔弼洙，张颖. 基于声誉的独立董事行为研究 [J]. 清华大学学报：哲学社会科学版，2012，27（1）：129-136.

（四）培育健康的董事会文化，弱化群体断裂带的消极影响

董事会文化指在董事会运作过程中形成的，并为全体董事所认同的价值观、行为规范和行为方式。世界著名的管理顾问公司科尔尼（A. T. Kearney）2004 年对标准普尔 500 强公司进行调查后发现，董事会文化是影响董事会有效性的重要条件。作为董事集体行为的基石，董事会文化如同始终存在的舵，协调着董事会成员的行为，并对董事会决策过程产生深远影响。健康的董事会文化使得董事会能够在充分利用异质性带来益处的同时，一定程度上弱化潜在的董事会内部社会分类过程对企业战略绩效带来的消极影响。

健康的董事会文化包括以下三个方面：

第一，诚信。诚信即诚实信任。诚信对人际交往的发展起着至关重要的作用，构成了人们相互理解的基础和沟通合作的关键。我国《上市公司治理准则》明确规定："诚信是所有董事会成员都应树立的核心价值观念。"诚信作为董事会成员的行动指南，是所有董事会成员共同遵守的行为准则，支配着董事会的宗旨、信念、行为规范。缺乏诚信的董事会常常沦为程式化的工具，无法有效地履行战略监督和战略参与职能；而诚信的董事会文化有利于增强董事会的凝聚力和向心力，改善多样性的董事会成员之间的人际关系，促进不同子群体成员跨越断裂带进行合作。

第二，结果导向。结果导向强调完成任务、高成就预期和对目标的追求，以结果为导向的价值观是企业战略成功实施的重要保证。董事会文化的结果导向有利于董事会成员统一思想、团结一致，围绕企业战略目标而努力，因为实现战略目标是追求的结果。而清晰的目标能够帮助董事会认清自己的受托责任，当子群体间产生关系冲突和任务导向的冲突时，有目标的董事会不容易混淆关注的焦点，从而有利于弱化由于任务导向董事会断裂带存在产生的过程损失。

第三，协作。培育健康的董事会文化应当高度重视董事会内部的协作问题。协作的董事会文化氛围使得成员对董事会有归属感，引导不同子群体董事会成员的行为规范和价值取向，使之与整个企业的目标一致，从而能够在一定程度上弱化董事会内部的社会分类过程。协作的董事会文化要求董事会

成员履行其战略职能的过程要开放透明，不同子群体董事会成员之间要诚实守信、主动沟通，抑制恶意的权利争斗和情感冲突，以促成董事会自身的和谐。

倡导在整个董事会内部围绕企业面临的决策问题进行建设性质疑和辩论，促进董事会不同子群体成员之间专业知识的传播和扩散，在一定程度上克服个体"有限理性"导致的认知局限，最大限度地还原由于个体选择性过滤和认知对公司战略选择的影响，从而弱化任务导向董事会断裂带给企业战略绩效带来的负面效应，最终促进企业竞争优势的获取和延续。

第二节　本书的特色与创新之处

一、本书的特色之处

本书的特色之一在于坚持突出中国独特的社会文化背景和制度情境，择取中国上市公司作为研究单元，公司董事会与企业战略绩效的作用模式为研究对象，通过应用战略管理、公司治理以及心理学领域的主流学说，引入群体断裂带这一概念，深入探索任务导向董事会断裂带对董事会决策行为进而企业战略绩效的作用机制，以及提高企业战略绩效的决策行为模式与路径，寻求解答处于全球化背景下的中国企业如何利用董事会这一创造性思维的潜在来源来促进企业价值创造的过程。

本书的特色之二在于同时把资源基础观、社会认同理论和委托代理理论纳入实证检验。资源基础观强调拥有和整合资源对企业竞争优势的贡献，社会认同理论强调成员社会认同对群体行为和效能的影响，委托代理理论强调董事会构成对企业价值创造的作用。在董事会情境下，三种理论的共同之处在于对董事会这一战略决策群体的重视。然而迄今为止，从董事会角度整合资源基础观、社会认同理论和委托代理理论进行研究，尚未纳入实证检验。因此，基于多理论视角研究任务导向董事会断裂带、董事会决策行为、董事会情境与企业战略绩效之间的关系，构成了本书的特色之二。

二、本书的创新之处

本书以沪深 300 成分股上市公司为研究对象，基于多理论视角分析任务导向董事会断裂带对企业战略绩效的作用机制，具有以下创新之处：

（一）基于决策行为视角揭示了任务导向董事会断裂带对企业战略绩效的中介作用

随着学者们对群体断裂带研究的日趋升温，近年来群体董事会断裂带问题开始引起国内外学者的关注，并取得了颇多有价值的研究成果。但是已有文献主要集中于探讨董事会群体断裂带对企业战略决策或价值创造的直接影响，而对二者之间中介机制的研究很少，在国内这一点研究几乎是空白。

本书将董事会群体断裂带对企业战略绩效的影响通过努力程度和信息共享两个决策行为的中介作用展示出来，一方面有助于打开被学界和实践界称之为战略决策的"黑箱"系统，另一方面能够为揭示任务导向董事会断裂带对企业战略绩效的内部作用机制提供新的洞见。

（二）揭示了董事长背景特征对任务导向董事会断裂带与企业战略绩效关系的调节作用

尽管高阶梯队理论（Hambrick and Mason，1984）认为，高管团队中处于强势地位成员的认知风格在很大程度上会影响团队行为过程[1][2]。然而，关于董事长特征如何影响董事会决策行为和企业战略绩效，目前我们知之甚少。迄今为止，很少有系统的理论与经验证据揭示董事长特征与董事会决策行为和企业战略绩效之间的关系。

本书基于中国独特的社会文化背景，较早地在中国情境下实证检验董事

---

[1]　Hambrick D. C, Cho T. S, Chen M. J. The Influence of Top Management Team Heterogeneity on Firms' Competitive Moves [J]. Administrative Science Quarterly, 1996: 659 – 684.

[2]　Hambrick D. C. Upper Echelons Theory: An Update [J]. Academy of Management Review, 2007, 32（2）: 334 – 343.

长职能背景特征对任务导向董事会断裂带与企业战略绩效的调节作用，以及董事长职能背景与董事会决策行为对任务导向董事会断裂带与企业战略绩效关系的联合影响。本书在理论与实证方面所做的探索，无疑有助于加深理论界和实践界对有关经济现象的理解。

（三）为全球范围内群体断裂带研究提供了新的经验证据

专门探讨异质性群体中断裂带问题的研究始于 20 世纪末期，迄今已有21 年，但遗憾的是我国学者关于群体断裂带的研究才刚刚起步，在公司治理领域从群体断裂带视角解读董事会的研究还比较鲜见。虽然国外学者在群体断裂带研究领域已经取得了丰硕的研究成果，但是已有研究均是基于西方发达国家背景得出的结论，关于在中国社会文化背景和制度情境下群体断裂带对群体行为和效能影响的研究还比较缺乏。

本书基于中国独特的社会文化背景和制度情境，深入考察任务导向董事会断裂带对董事会决策行为与企业战略绩效的作用机制，本书的研究成果能够为全球范围内的群体断裂带研究提供新的经验证据。

第三节　研究局限性及未来研究展望

本书聚焦于考察我国上市公司任务导向董事会断裂带如何通过董事会决策行为影响企业战略绩效，同时从董事会情境视角探讨董事长职能背景和董事会持股比例对任务导向董事会断裂带与企业战略绩效关系的影响，为我国公司制企业优化董事会制度安排提供了比较直接的经验证据。然而，董事会研究是一个非常复杂的命题，本书的研究只触及了董事会研究的冰山一角，同时本书存在些许局限性。

一、数据获取方面

由于认知基础、价值观等心理因素不易测量，本书主要沿用高阶梯队理论的基本范式（Hambrick and Mason，1984），以董事会成员可观察的人口统计特征数据对董事会努力程度和信息共享进行衡量。首先，由于这些反映董事会成员认识特征的数据可靠性和客观性程度较高；其次，采用这种方式使得我们可以获得为期三年的纵向数据，这对于我们的研究而言是至关重要的。

尽管如此，未来应该通过多种途径搜集数据。例如，通过问卷调查和案例研究获取能够直接反应董事会成员努力程度和信息共享的数据。所以未来对董事会决策行为进行直接测度的研究，将会是对本书的有益补充。

二、变量设置方面

和目前国外学者的研究类似，本书围绕任务导向董事会断裂带进行的研究，集中于探索任务导向董事会断裂带强度对董事会行为和战略绩效的影响，未涉及对群体断裂带深度的考察。

群体断裂带深度指同一子群体内成员属性特征的平均协方差①。尽管已有研究并没有把断裂带深度作为群体断裂带的一个测量指标，但撒切尔和派特尔（2012）指出，群体断裂带深度也会对群体行为和效能产生影响。如何开发测量指标对任务导向董事会断裂带深度进行度量，并进一步考察断裂带深度对董事会行为和企业价值创造的影响，是未来值得深入研究的问题。

三、样本选择方面

本书以我国沪深300成分股上市公司作为研究对象。尽管沪深300成分股上市公司具有良好的代表性，同时样本量也已经满足了实证研究的基本需要，但本书的研究还缺乏非上市公司和创业板上市公司。不同类型公司董事会构成的考察重点存在一定差别，如家族企业董事会中更多地考虑家族成员与非家族成员子群体间可能形成的断裂带，新创企业中创始人董事和投资者

---

① Thatcher S. M. B，Patel P. C. Group Faultlines：A Review，Integration，and Guide to Future Research [J]. Journal of Management，2012，38（4）：969 - 1009.

董事子群体间可能会存在断裂带，国际化企业中不同国籍的高管团队成员可能会存在群体断裂带。所以，未来应该进一步扩大样本的研究范围，细化到考察不同股权结构、处于生命周期不同阶段的公司中任务导向董事会断裂带对企业战略绩效的影响，以便能够弥补本书在样本选择上的不足，增强研究结论的普适性。

此外，目前国内外学者的研究只关注董事会断裂带的作用结果，关于董事会断裂带强度的影响因素鲜有涉及。要形成对任务导向董事会断裂带的完整认识，仅探讨其对董事会效能及企业价值的影响是远远不够的，还应该深入探讨董事会断裂带的影响因素，以及这些因素的作用机制，才能进一步形成对任务导向董事会断裂带形成、演化及价值效应的完整认识。

参 考 文 献

[1] 毕鹏程，郎淳刚，席酉民. 领导风格和行为对群体决策过程和结果的影响 [J]. 西安交通大学学报：社会科学版，2005，26（2）：1-10.

[2] 陈宏辉，贾生华. 信息获取、效率替代与董事会职能的改进 [J]. 中国工业经济，2002（6）：79-85.

[3] 陈仕华，李维安. 公司治理的社会嵌入性：理论框架及嵌入机制 [J]. 中国工业经济，2011（6）：99-108.

[4] 陈悦明，葛玉辉，宋志强. 高层管理团队断层与企业战略决策的关系研究 [J]. 管理学报，2012，9（11）：1634-1642.

[5] 董保宝，葛宝山，王侃. 资源整合过程、动态能力与竞争优势：机理与路径 [J]. 管理世界，2011（3）：92-101.

[6] 姜付秀，伊志宏，苏飞，等. 管理者背景特征与企业过度投资行为 [J]. 管理世界，2009（1）：130-139.

[7] 龚红，宁向东，崔涛. 董事会对公司战略过程评价：逻辑构架与指标体系 [J]. 南开管理评论，2007，10（5）：26-30.

[8] 郭立新，陈传明. 组织冗余与企业技术创新绩效的关系研究——基于中国制造业上市公司面板数据的实证分析 [J]. 科学学与科学技术管理，2010，31（11）：52-60.

[9] 韩立丰，王重鸣. 群体多样性研究的理论述评——基于群体断层理论的反思 [J]. 心理科学进展，2010，18（2）：374-384.

[10] 郝云宏. 公司治理内在逻辑关系冲突：董事会决策行为的视角 [J]. 中国工业经济，2012（9）：96-108.

[11] 何威风，刘启亮. 我国上市公司高管背景特征与财务重述行为研

究 [J]. 管理世界, 2010 (7): 144 - 155.

[12] 何山, 徐光伟, 陈泽明. 代理人自利行为下的最优激励契约 [J]. 管理工程学报, 2013, 27 (3): 139 - 146.

[13] 况学文, 陈俊. 董事会性别多元化, 管理者权力与审计需求 [J]. 南开管理评论, 2011, 14 (6): 48 - 56.

[14] 李磊, 尚玉钒, 席酉民, 等. 变革型领导与下属工作绩效及组织承诺: 心理资本的中介作用 [J]. 管理学报, 2012, 9 (5): 685 - 691.

[15] 李小青. 董事会认知异质性对企业价值影响研究——基于创新战略中介作用的视角 [J]. 经济与管理研究, 2012 (8): 14 - 22.

[16] 廖建桥, 赵军, 张永军. 权力距离对中国领导行为影响研究 [J]. 管理学报, 2010, 7 (7): 988 - 992.

[17] 林浚清, 黄祖辉, 孙永祥. 高管团队内薪酬差距、公司绩效和治理结构 [J]. 经济研究, 2003 (4): 31 - 40.

[18] 刘斌, 刘星, 李世新, 等. CEO 薪酬与企业业绩互动效应的实证检验 [J]. 会计研究, 2003 (3): 13 - 20.

[19] 刘浩唐, 松楼俊. 独立董事: 监督还是咨询? [J]. 管理世界, 2012 (1): 141 - 169.

[20] 李建标, 巨龙, 李政, 等. 董事会里的 "战争"——序贯与惩罚机制下董事会决策行为的实验分析 [J]. 南开管理评论, 2009 (5): 70 - 76.

[21] 李子奈, 齐书良. 关于计量经济学模型方法的思考 [J]. 中国社会科学, 2010 (2): 69 - 86.

[22] 刘云, 石金涛. 组织创新气氛对员工创新行为的影响过程研究——基于心理授权的中介效应分析 [J]. 中国软科学, 2010 (3): 133 - 144.

[23] 刘云. 组织创新气氛对员工创新行为的影响过程研究 [D]. 上海: 上海交通大学经济管理学院, 2010.

[24] 罗党论, 唐清泉. 中国民营上市公司制度环境与绩效问题研究 [J]. 经济研究, 2009, 2 (108): 106 - 118.

[25] 马跃如, 段斌. 董事长职能背景, 高管激励方式与中小企业成长——基于国有样本与民营样本数据的对比研究 [J]. 科学学与科学技术管理,

2010, 31 (10): 180 – 185.

［26］宁家耀, 王蕾. 中国上市公司董事会决策行为与公司绩效关系实证研究［J］. 管理科学, 2008, 21 (2): 9 – 17.

［27］宁向东, 张颖. 独立董事能够勤勉和诚信的进行监督吗? ——独立董事行为决策模型的构建［J］. 中国工业经济, 2012 (1): 101 – 109.

［28］宁向东, 崔弼洙, 张颖. 基于声誉的独立董事行为研究［J］. 清华大学学报: 哲学社会科学版, 2012, 27 (1): 129 – 136.

［29］牛建波, 赵静. 信息成本、环境不确定性与独立董事溢价［J］. 南开管理评论, 2012, 15 (5): 70 – 80.

［30］牛建波, 李胜楠. 控股股东两权偏离, 董事会决策行为与战略绩效: 基于中国民营上市公司面板数据的比较研究［J］. 南开管理评论, 2007 (2): 31 – 37.

［31］苏启林. 基于代理理论与管家理论视角的家族企业经理人行为选择［J］. 外国经济与管理, 2007, 29 (2): 51 – 56.

［32］唐方方, 高玥. 独立董事投票行为影响因素的作用机理分析［J］. 管理现代化, 2013 (3): 47 – 49.

［33］孙文. 中央企业控股上市公司董事会治理有效性研究［D］. 天津: 南开大学商学院, 2009.

［34］田存志, 吴新春. 公司股权和管理层激励对信息非对称程度的影响研究［J］. 南开管理评论, 2010 (4): 28 – 34.

［35］汪丽, 茅宁, 潘小燕, 等. 董事会职能、决策质量和决策承诺在中国情境下的实证研究［J］. 管理世界, 2006 (6): 108 – 114.

［36］王斌, 童盼. 董事会决策行为与公司业绩关系研究——一个理论框架及我国上市公司的实证检验［J］. 中国会计评论, 2008, 6 (3): 255 – 274.

［37］王端旭, 薛会娟. 多样化团队中的断裂带: 形成、演化和效应研究［J］. 浙江大学学报: 人文社会科学版, 2009, 39 (5): 122 – 128.

［38］王海珍, 刘新梅, 张若勇, 等. 国外团队断裂研究的现状及展望［J］. 管理学报, 2009, 6 (10): 1413 – 1420.

［39］汪金爱, 宗芳宇. 国外高阶梯队理论研究新进展——揭开人口学

背景黑箱 [J]. 管理学报, 2011, 8 (8): 1247 – 1255.

[40] 王跃堂, 赵子夜, 魏晓雁. 董事会的独立性是否影响公司绩效? [J]. 经济研究, 2006 (5): 62 – 73.

[41] 温忠麟, 侯杰泰, 张雷. 调节效应与中介效应的比较和应用 [J]. 心理学报, 2005, 37 (2): 268 – 274.

[42] 温忠麟, 张雷, 侯杰泰. 有中介的调节变量和有调节的中介变量 [J]. 心理学报, 2006, 38 (3): 448 – 452.

[43] 吴建祖, 曾宪聚. 管理决策中的认知搜寻和经验搜寻 [J]. 管理学家, 2010 (11): 76 – 78.

[44] 谢小云, 张倩. 国外团队断裂带研究现状评介与未来展望 [J]. 外国经济与管理, 2011, 33 (1): 34 – 42.

[45] 谢绚丽, 赵胜利. 中小企业的董事会结构与战略选择 [J]. 管理世界, 2011 (1): 101 – 111.

[46] 谢志华. 董事会结构与决策效率 [J]. 会计研究, 2011 (1): 31 – 37.

[47] 游春. 股权激励, 董事会, TMT 团队与经营绩效——基于中国上市公司的实证分析 [J]. 管理评论, 2010, 22 (9): 3 – 13.

[48] 于东智. 董事会, 公司治理与绩效——对中国上市公司的经验分析 [J]. 中国社会科学, 2003 (3): 29 – 41.

[49] 于东智. 股权结构、治理效率与公司绩效 [J]. 中国工业经济, 2001 (5): 54 – 62.

[50] 张龙, 刘洪. 高管团队中垂直对人口特征差异对高管离职的影响 [J]. 管理世界, 2009 (4): 108 – 118.

[51] 张燕, 章振. 性别多样性对团队绩效和创造力影响的研究 [J]. 科研管理, 2012, 33 (3): 81 – 88.

[52] 张燕, 侯立文. 基于变革型领导的职能多样性对团队内知识共享的影响研究 [J]. 管理学报, 2013, 10 (10): 1455 – 1461.

[53] 张莹瑞, 佐斌. 社会认同理论及其发展 [J]. 心理科学进展, 2006, 14 (3): 475 – 480.

[54] 郑方. 战略与治理的双重嵌入性——基于连锁董事网络的研究

［J］．中国工业经济，2011（9）：108－118．

［55］郑志刚，吕秀华．董事会独立性的交互效应和中国资本市场独立董事制度政策效果的评估［J］．管理世界，2009（7）：133－146．

［56］周建，方刚，刘小元．制度环境、公司治理对竞争优势的影响研究［J］．南开管理评论，2009，12（5）：18－27．

［57］周建，李小青．董事会认知异质性对创新战略影响的实证研究［J］．管理科学，2012，25（6）：1－12．

［58］周建，李小青，金媛媛，等．基于多理论视角的董事会——CEO 关系与公司绩效研究述评［J］．外国经济与管理，2011，34（7）：49－57．

［59］周建，于伟，崔胜朝．基于企业战略资源基础观的公司治理与竞争优势来源关系辨析［J］．外国经济与管理，2009，31（7）：23－32．

［60］周建，刘小元，于伟．公司治理机制互动的实证研究［J］．管理科学，2008，21（1）：2－13．

［61］周杰，薛有志．治理主体干预对公司多元化战略的影响路径［J］．南开管理评论，2011，14（1）：65－74．

［62］周立新．家族权力、组织认同与家族企业网络模式选择［J］．管理工程学报，2013，27（1）：1－7．

［63］周仁俊，高开娟．大股东控制权对股权激励效果的影响［J］．会计研究，2012（5）：50－58．

［64］Adams R. B，Dferreir A. A Theory of Friendly Boards［J］．The Journal of Finance. 2007，62（1）：217－250．

［65］Anderson R. C，Reeb D. M，Upadyay A. The Economics of Director Heterogeneity［J］．Financial Management，2011，40（1）：5－38．

［66］Ashforth B. E，Mael F. Social Identity Theory and the Organization［J］．Academy of Management Review，1989，14（1）：20－39．

［67］Bailey B. C，Peck S. I. Boardroom Strategic Decision—Making Style：Understanding the Antecedents［J］．Corporate Governance：An International Review，2013，21（2）：131－146．

［68］Bardolet D，Fox C. R，Lovallo D. Corporate Capital Allocation：A Behavioral Perspective [J]. Strategic Management Journal, 2011, 32 (13): 1465 – 1483.

[69] Barkema H. G, Shvyrkov O. Does Top Management Team Diversity Promote or Hamper Foreign Expansion? [J]. Strategic Management Journal, 2007, 28 (4): 663 – 680.

[70] Barney J. Resource – Based Theories of Competitive Advantage: A Ten Years Retrospective on the Resource – Based View [J]. Journal of Management, 2001 (27): 643 – 650.

[71] Barney J. Strategic Management and Competitive Advantage [M]. New Jersey: Pearson Education Inc, 2006: 12.

[72] Barney J. B. Firm Resources and Sustained Competitive Advantage [J]. Journal of Management, 1991, 17 (1): 99 – 120.

[73] Barney J. B. Strategic Management: From Informed Conversation to Academic Discipline [J]. The Academy of Management Executive, 2002, 16 (2): 53 – 57.

[74] Bantel K. A, Jackson S. E. Top Management and Innovations in Banking: Does the Composition of the Top Team Make a Difference? [J]. Strategic Management Journal, 1989, 10 (S1): 107 – 124.

[75] Baron R. M, Kenny D. A. The Moderator – Mediator Variable Distinction in Social Psychological Research: Conceptual, Strategic, and Statistical Considerations [J]. Journal of Personality and Social Psychology, 1986, 51 (6): 1173.

[76] Bekrukova K, Thatcher S. M. B, Jehn K. A. The Effects of Alignments: Examining Group Faultlines, Organizational Cultures, and Performance [J]. Journal of Applied Psychology, 2012, 97 (1): 77 – 92.

[77] Bezrukova K, Jehn K. A, Zanutto E. L. , et al. Do Workgroup Faultlines Help or Hurt? A Moderated Model of Faultlines, Team Identification, and Group Performance [J]. Organization Science, 2009, 20 (1): 35 – 50.

[78] Boyd B. K, Haynes K. T, Zona F. Dimensions of CEO – Board Rela-

tions [J]. Journal of Management Studies, 2011, 48 (8): 1892 – 1923.

[79] Brunton M, Matheny J. Divergent Acceptance of Change in a Public Health Organization [J]. Journal of Organizational Change Management, 2009, 22 (6): 600 – 619.

[80] BStrPerdy – Preston J. Structuration and Social Identity Theories: Qualitative Methodologies for Determining Skills and Competencies for the Information Profession in the 21st Century [J]. Performance Measurement and Metrics, 2009, 10 (3): 172 – 179.

[81] Carpenter M. A, Sanders W. G. Strategic Management: A Dynamic Perspective: Concepts and Cases [M]. New Jersey: Prentice Hall Press, 2007.

[82] Carpenter M. A, Westphal J. D. The Strategic Context of External Network Ties: Examining the Impact of Director Appointments on Board Involvement in Strategic Decision Making [J]. Academy of Management Journal, 2001, 44 (4): 639 – 660.

[83] Carter D. A, Simkins B. J, Simpson W. J. Corporate Governance, Board Diversity and Firm Value [J]. Financial Review, 2003, 38 (1): 33 – 39.

[84] Carter D. A, Souza F. D, Simkins B. J. The Diversity of Corporate Board Committees and Financial Performance [D]. Working Dissertation, Oklahoma State University, Oklahoma State, 2007.

[85] Carton A. M, Cummings J. N. A Theory of Subgroups in Work Teams [J]. Academy of Management Review, 2012, 37 (3): 441 – 470.

[86] Choi J. N, Thowas Sy. Group Level Organizational Citizenship Behavior: Effects of Demographic Faultlines and Conflict in Small Work Groups [J]. Journal of Organizational Behavior, 2010, 31 (7): 1032 – 1054.

[87] Chahine S, Filatotchev I. The Effects of Corporate Governance and Audit and Non – Audit Fees on IPO Value [J]. The British Accounting Review, 2011, 43 (3): 155 – 172.

[88] Chrobot – Mason D, Ruderman M. N, Weber T. J. , et al. The Challenge of Leading on Unstable Ground: Triggers that Activate Social Identity Fault-

lines [J]. Human Relations, 2009, 62 (11): 1763 - 1794.

[89] Coombes S. M. T, Morris M. H, Allen J. A. , et al. Behavioural Orientations of Non - Profit Boards as a Factor in Entrepreneurial Performance: Does Governance Matter? [J]. Journal of Management Studies, 2011, 48 (4): 829 - 856.

[90] Conyon M. J, Peck S. I, Sadler G. V. Corporate Tournaments and Executive Compensation: Evidence from the UK [J]. Strategic Management Journal, 2001, 22 (8): 805 - 815.

[91] Cornelli F, Kominek Z, Ljungqvist A. Monitoring Managers: Does it Matter? [J]. The Journal of Finance, 2013, 68 (2): 431 - 481.

[92] Cronin M. A, Bezrukova K, Weingart L. R. , et al. Subgroups within a Team: The Role of Cognitive and Affective Integration [J]. Journal of Organizational Behavior, 2011 (32): 831 - 849.

[93] Crott H. W, Werner J. The Norm - Information - Distance Model: A Stochastic AppStrPerch to Preference Change in Group Interaction [J]. Journal of Experimental Social Psychology, 1994, 30 (1): 68 - 95.

[94] Cyert R. M, March J. G. A Behavioral Theory of the Firm [M]. Englewood Cliffs, NJ: Prentice - Hall, 1963.

[95] Cyert R. M, March J. G. A Behavioral Theory of the Firm [J]. Cambridge, Mass, 1992.

[96] Dalziel T, Gentry R. J, Bowerman M. An Integrated Agency - Resource Dependence View of the Influence of Direcors' Human and Relational Capital on Firms' R&D Spending [J]. Journal of Management Studies, 2011, 48 (6): 1217 - 1242.

[97] Davina Vora, Li'via Marko'czy. Group Learning and Performance: the Role of Communication and Faultlines [J]. The International Journal of Human Resource Management, 2012, 23 (11): 2374 - 2392.

[98] Davis J. H, Schoorman F. D, Donaldson L. Toward a Stewardship Theory of Management [J]. Academy of Management Review, 1997, 22 (1): 20 - 47.

[99] De Wit Frank R. C, Greer L. L, Jehn K. A. The Paradox of Intragroup Conflict: A Meta – Analysis [J]. Journal of Applied Psychology, 2012, 97 (2): 360.

[100] Donaldson L, Davis J. H. Boards and Company Performance – Research Challenges the Conventional Wisdom [J]. Corporate Governance: An International Review, 1994, 2 (3): 151 – 160.

[101] Donaldson L, Davis J. H. Stewardship Theory or Agency Theory: CEO Governance and Shareholder Returns [J]. Australian Journal of Management, 1991, 16 (1): 49 – 64.

[102] Donaldson T. The Epistemic Faultline in Corporate Governance [J]. Academy of Management Review, 2012, 37 (2): 256 – 271.

[103] Durisin B, Puzone F. Maturation of Corporate Governance Research, 1993 – 2007: An Assessment [J]. Corporate Governance: An International Review, 2009, 17 (3): 266 – 291.

[104] Eisenhardt K. M. Agency Theory: An Assessment and Review [J]. Academy of Management Review, 1989, 14 (1): 57 – 74.

[105] Eisenhardt K. M, Martin J. A. Dynamic Capabilities: What Are They? [J]. Strategic Management Journal, 2000, 21 (10 – 11): 1105 – 1121.

[106] Erhardt N. L, Werbel J. D, Shrader C. B. Board of Director Diversity and Firm Financial Performance [J]. Corporate Governance: an International Review, 2003, 11 (2): 102 – 111.

[107] Fama E. F, Jensen M. C. Agency Problems and Residual Claims [J]. Journal of Law and Economics, 1983, 26 (2): 327 – 349.

[108] Felps W, Mitchell T. R, Hekman D. R. , et al. Turnover Contagion: How Coworkers'Job Embeddedness and Job Search Behaviors Influence Quitting [J]. Academy of Management Journal, 2009, 52 (3): 545 – 561.

[109] Forbes D. P, Milliken F. J. Cognition and Corporate Governance: Understanding Boards of Directors as Strategic Decision – Making Groups [J]. The Academy of Management Review, 1999, 24 (3): 489 – 505.

[110] Garg S. Venture boards: Distinctive Monitoring and Implications for Firm Performance [J]. Academy of Management Review, 2013, 38 (1): 90 – 108.

[111] Gary M, Wood R. E. Mental Models, Decision Rules and Performance Heterogeneity [J]. Strategic Management Journal, 2011, 32 (6): 569 – 594.

[112] Gavetti G, Levinthal D. Looking Forward and Looking Backward: Cognitive and Experiential Search [J]. Administrative Science Quarterly, 2000, 45 (1): 113 – 137.

[113] Ghristine S. The Role of the Interlocking Director and Board Receptivity in the Diffusion of Practices [J]. The Academy of Management Review, 2010, 35 (2): 246 – 264.

[114] Gibson C, Vermeulen F. A Healthy Divide: Subgroups as a Stimulus for Team Learning Behavior [J]. Administrative Science Quarterly, 2003, 48 (2): 202 – 239.

[115] Gomez – Mejia L. R, Makri M, Kintana M. L. Diversification Decisions in Family – Controlled Firms [J]. Journal of Management Studies, 2010, 47 (2): 223 – 252.

[116] Gover L, Duxbury L. Organizational Faultlines: Social Identity Dynamics and Organizational Change [J]. Journal of Change Management, 2012, 12 (1): 53 – 75.

[117] Gratton L, Voigt A, Erickson T. J. Bridging Faultlines in Diverse Teams [J]. MIT Sloan Management Review, 2007, 48 (4): 22 – 29.

[118] Gulati R, Westphal J. D. Cooperative or Controlling? The Effects of CEO – Board Relations and the Content of Interlocks on the Formation of Joint Ventures [J]. Administrative Science Quarterly, 1999, 44 (3): 473 – 506.

[119] Hackman J. R, Wageman R. Total Quality Management: Empirical, Conceptual, and Practical Issues [J]. Administrative Science Quarterly, 1995: 309 – 342.

[120] Hall J. L. Managing Teams With Diverse Compositions: Implications for Managers from Research on the Faultline Model [J]. Advanced Management

Journal (Winter), 2013: 4 – 10.

[121] Hambrick D. C, Cho T. S, Chen M. J. The Influence of Top Management Team Heterogeneity on Firms' Competitive Moves [J]. Administrative Science Quarterly, 1996: 659 – 684.

[122] Hambrick D. C, Mason P. A. Upper Echelons: The Organization as a Reflection of Its Top Managers [J]. Academy of Management Review, 1984, 9 (2): 193 – 206.

[123] Harris M, Raviv A. A Theory of Board Control and Size [J]. Review of Financial Studies, 2008, 21 (4): 1797 – 1832.

[124] Harrison D. A, Price K. H, Bell M. P. Beyond Relational Demography: Time and the Effects of Surface-and Deep – Level Diversity on Work Group Cohesion [J]. Academy of Management Journal, 1998, 41 (1): 96 – 107.

[125] Harrison Y. D, Murray V, Cornforth C. The Role and Impact of Chairs of Non – Profit Boards [M]. Routledge: New York, NY, USA, 2013.

[126] Hart C. M, Van Vugt M. From Faultline to Group Fission: Understanding Membership Changes in Small Groups [J]. Personality and Social Psychology Bulletin, 2006, 32 (3): 392 – 404.

[127] Haynes K. T, Hillman A. The Effect of Board Capital and CEO Power on Strategic Change [J]. Strategic Management Journal, 2010, 31 (11): 1145 – 1163.

[128] He J. Y, Huang Z. Board Informal Hierarchy and Firm Financial Performance: Exploring a Tacit Structure Boardroom Interactions [J]. Academy of Management Journal, 2011, 54 (6): 1119 – 1139.

[129] Hillan A. J, Withers M. C, Colliins B. J. Resource Dependence Theory: A Review [J]. Journal of Management, 2009, 35 (6): 1404 – 1427.

[130] Hillman A. J, Dalzie T. Boards of Directors and Firm Performance: Integrating Agency and Resource Dependence Perspectives [J]. Academy of Management Review, 2003, 28 (3): 383 – 396.

[131] Hillman A. J, Canella A. A, Paetzold R. L. The Resource Dependency

Role of Corporate Governance Directors: Strategic Adaptation of Board Composition in Response to Environmental Change [J]. Journal of Management Studies, 2000, 37 (2): 0022 – 2380.

[132] Hogg M. A, Terry D. J. Attitudes, Behavior, and Social Context: The Role of Norms and Group Membership [M]. Erlbaum Associates, 2000.

[133] Homan A. C, Van Knippenberg D, Van Kleef G. A. , et al. Bridging Faultlines by Valuing Diversity: Diversity Beliefs, Information Elaboration, and Performance in Diverse Work Groups [J]. Journal of Applied Psychology, 2007, 92 (05): 1189 – 1199.

[134] Hotho S. Professional Identity – Product of Structure, Product of Choice: Linking Changing Professional Identity and Changing Professions [J]. Journal of Organizational Change Management, 2008, 21 (6): 721 – 742.

[135] Huse M, Gabrielsson J, Minichilli A. Knowledge and Accountability: Outside Directors' Contribution in the Corporate Value Chain [J]. Board Members and Management Consulting: Redefining Boundaries: Special Volume in Research in Management Consulting Series, 2007.

[136] Huse M, Hoskisson R, Zattoni A. , et al. New Perspectives on Board Research: Changing the Research Agenda [J]. Journal of Management Governance, 2011, 10 (15): 5 – 28.

[137] Hutzschenreuter T, Horstkotte J. Performance Effects of Top Management Team Demographic Daultlines in the Process of Product Diversification [J]. Strategic Management Journal. 2013, 34 (6): 704 – 726 (2013).

[138] Jehn K. A, Bezrukova K. The Faultline Activation Process and the Effects of Activated Faultlines on Coalition Formation, Conflict, and Group Outcomes [J]. Organizational Behavior and Human Decision Processes, 2010, 112 (1): 24 – 42.

[139] Jehn K. A, Northcraft G. B, Neale M. A. Why Differences Make a Difference: A Field Study of Diversity, Conflict and Performance in Workgroups [J]. Administrative Science Quarterly, 1999, 44 (4): 741 – 763.

[140] Jehn K. A. A Multi – Method Examination of the Benefits and Detriments of Intragroup Conflict [J]. Administrative Science Quarterly, 1995, 40 (2): 256 – 282.

[141] Jensen M. C, Meckling W. H. Theory of the Firm: Managerial Behavior, Agency Costs and Ownership Structure [J]. Journal of Financial Economics, 1976, 3 (4): 305 – 360.

[142] Jensen M. C. Agency Costs of Free Cash Flow, Corporate Finance, and Takeovers [J]. The American Economic Review, 1986, 76 (2): 323 – 329.

[143] Jensen M. C, Ruback R. S. The Market for Corporate Control: The Scientific Evidence [J]. Journal of Financial Economics, 1983, 11 (1): 5 – 50.

[144] Johnson S, Schnatterly K, Bolton J. F. , et al. Antecents of New Directors Social Capital [J]. Journal of Management Studies, 2011, 48 (8): 1782 – 1803.

[145] Johansen T. R, Pettersson K. The Impact of Board Interlocks on Auditor Choice and Audit Fees [J]. Corporate Governance: An International Review, 2013, 21 (3): 287 – 310.

[146] Harrison Y. D, Murray V. Perspectives on the Leadership of Chairs of Nonprofit Organization Boards of Directors: A Grounded Theory Mixed – Method Study [J]. Nonprofit Management and Leadership, 2012, 22 (4): 411 – 437.

[147] Kaczmarek S, Kimino S, Pye A. Antecedents of Board Composition: The Role of Nomination Committees [J]. Corporate Governance: An International Review, 2012, 20 (5): 474 – 489.

[148] Kang E. Director Interlocks and Spillover Effects of Reputational Penalties from Financial Reporting Fraud [J]. Academy of Management Journal, 2008, 51 (3): 537 – 555.

[149] Kang H, Cheng M, Gray S. J. Corporate Governance and Board Composition: Diversity and Independence of Australian Boards [J]. Corporate Governance: An International Review, 2007, 15 (2): 194 – 207.

[150] Kim B, Burns M. L, Prescott J. E. The Strategic Role of the Board:

The Impact of Board Structure on Top Management Team Strategic Action Capability [J]. Corporate Governance: An International Review, 2009, 17 (6): 728 – 743.

[151] Knapp J. R, Dalziel T, Lewis M. W. Governing Top Managers: Board Control, Social Categorization, and Their Unintended Influence on Discretionary Behaviors [J]. Corporate Governance: An International Review, 2011, 19 (4): 295 – 310.

[152] Knippenberg D, Dawson J. F, West M. A. Diversity Faultlines, Shared Objectives, and Top Management Team and Performance [J]. Human Relations, 2010, 64 (3): 307 – 336.

[153] Kor Y. Y, Misangyi V. F. Outside Directors 'Industry – Specific Experience and Firms' Liability of Newness [J]. Strategic Management Journal, 2008, 29 (12): 1345 – 1355.

[154] Kor Y. Y, Sundaramurthy C. Experience – Based Human Capital and Social Capital of Outside Directors [J]. Journal of Management, 2009, 35 (4): 981 – 1006.

[155] Kroll M, Walters B. A, Writht P. Board Vigilance, Director Experience and Corporate Outcomes [J]. Strategic Management Journal, 2008, 29 (4): 363 – 382.

[156] Kroll M, Walters B. A, Le S. A. The Impact of Board Composition and Top Management Team Ownership Structure on Post – IPO Performance in Young Entrepreneurial Firms [J]. Academy of Management Journal, 2007, 50 (5): 1198 – 1216.

[157] Kunc M. H, Morecroft J. D. Managerial Decision Making and Firm Performance under a Resourced – Based Paradigm [J]. Strategic Management Journal, 2010, 31 (11): 1164 – 1182.

[158] Kunze F, Bruch H. Age – Based Faultlines and Perceived Productive Energy: The Moderation of Transformational Leadership [J]. Small Group Research, 2010, 41 (5): 593 – 620.

[159] Lau D. C, Murnighan J. K. Interactions Within Groups and Sub-

groups: The Effects of Demographic Faultlines [J]. Academy of Management Journal. 2005, 48 (4): 645 – 659.

[160] Lau D. C, Murnighan J. K. Demographic Diversity and Faultlines: The Compositional Dynamics of Organizational Groups [J]. The Academy of Management Review, 1998, 23 (2): 325 – 340.

[161] Lawrence B. S, Zyphur M. J. Identifying Organizational Faultlines with Latent Class Cluster Analysis [J]. Organizational Research Methods, 2011, 14 (1): 32 – 57.

[162] Leblanc R, Schwartz M. S. The Black Box of Board Process: Gaining Access to a Difficult Subject [J]. Corporate Governance, 2007, 15 (5): 843 – 851.

[163] Li J. T, Hambrick D. C. Factional Groups: A New Vantage on Demographic Faultlines, Conflict, and Disintegration in Work Teams [J]. Academy of Management Journal, 2005, 48 (5): 794 – 813.

[164] Lim JoAnne Yong – Kwan, Busenitz L. W, Chidambaram L. New Venture Teams and the Quality of Business Opportunities Identified: Faultlines Between Subgroups of Founders and Investors [J]. Entrepreneurship Theory and Practice, 2013, 37 (1): 47 – 67.

[165] Lipton, Lorsch J. A. Modest Proposal for Improved Corporate Governance [J]. Business Lawyer, 1992, 48 (1): 59 – 77.

[166] Luoma P, Goodstein J. Research Notes. Stakeholders and Corporate Boards: Institutional Influences on Board Composition and Structure [J]. Academy of Management Journal, 1999, 42 (5): 553 – 563.

[167] Luria G, Rafaeli A. Testing Safety Commitment In Organizations Through Interpretations of Safety Artifacts [J]. Journal of Safety Research, 2008, 39 (5): 519 – 528.

[168] Machold S, Huse M, Minichilli A. , et al. Board Leadership and Strategy Involvement in Small Firms: A Team Production Approach [J]. Corporate Governance: An International Review, 2011, 19 (4): 368 – 383.

[169] McDonald M. L, Westphal J. D, Graebner ME. What Do They Know?

The Effects of Outside Director Acquisition Experience on Firm Acquisition Perform-ance [J]. Strategic Management Journal, 2008, 29 (11): 1155 – 1177.

[170] Mahadeo D, Soobaroyen T, Hanuman V. O. Board Composition and Financial Performance: Uncovering the Effects of Diversity in an Emerging Economy [J]. Journal Business Ethnics, 2012, 105: 375 – 388.

[171] Mahoney J. T, Pandian J. R. The Resource – Based View within the Conversation of Strategic Management [J]. Strategic Management Journal, 1992, 13 (5): 363 – 380.

[172] Margolis J. D. Responsibility in Organizational Context [J]. Business Ethics Quarterly, 2001, 11 (3): 431 – 454.

[173] Mcdonald M. L. Access Denied: Low Mentoring of Women and Minor-ity First – Time Directors and Its Negative Effects on Appointments to Additional Boards [J]. Academy of Management Journal, 2013, 56 (4): 1169 – 1198.

[174] Miller T, Triana M. C. Demographic Diversity in the Boardroom: Me-diators of the Board Diversity – Firm Performance Relationship [J]. Journal of Man-agement Studies, 2009, 46 (5): 755 – 784.

[175] Miller C. C, Burke L. M, Glick W. H. Cognitive Diversity Among Up-per – Echelon Executives: Implications For Strategic Decision Processes [J]. Strategic Management Journal, 1998, 19 (1): 39 – 58.

[176] Minichilli A, Corbetta G, Macmillan I. C. Top Management Teams in Family – Controlled Companies: "Familiness", "Faultlines", and Their Impact on Financial Performance [J]. Journal of Management Studies, 2010, 47 (2): 205 – 222.

[177] Minichilli A, Zattoni A, Nielsen S., et al. Board Task Performance: An Exploration of Micro – and Macro – Level Determinants of Board Effectiveness [J]. Journal of Organizational Behavior, 2012, 33 (2): 193 – 215.

[178] Minichilli A, Zattoni A, Zona F. Making Boards Effective: An Em-pirical Examination of Board Task Performance [J]. British Journal of Manage-ment, 2009, 20 (1): 55 – 74.

[179] Mizruchi M. S, Stearns L. B. A Longitudinal Study of Borrowing by Large American Corporations [J]. Administrative Science Quarterly, 1994: 118 – 140.

[180] Molleman E. D. Diversity In Demographic Characteristics, Abilities and Personality Traits: Do Faultlines Affect Team Functioning a Longitudinal Study of Borrowing by Large American Corporations? [J]. Group Decision and Negotiation, 2005, 14 (3): 173 – 193.

[181] Machold S, Farquhar S. Board Task Evolution: A Longitudinal Field Study in the UK [J]. Corporate Governance: An International Review, 2013, 21 (2): 147 – 164.

[182] Muller – Kahle M. I, Lewellyn K. B: Did Board Configuration Matter? The Case of US Subprime Lenders [J]. Corporate Governance: An International Review, 2011, 19 (5): 405 – 417.

[183] Muth M, Donaldson L. Stewardship Theory and Board Structure: A Contingency Appstrperch [J]. Corporate Governance: An International Review, 1998, 6 (1): 5 – 28.

[184] Newbert S. L. Value, Rareness, Competitive Advantage, and Performance: A Conceptual – Level Empirical Investigation of the Resource – Based View of the Firm [J]. Strategic Management Journal, 2008, 29 (7): 745 – 768.

[185] O'Leary M. B, Mortensen M. Go (Con) Figure: Subgroups, Imbalance, and Isolates in Geographically Dispersed Teams [J]. Organization Science, 2010, 21 (1): 115 – 131.

[186] Payne G. T, Benson G. S, Finegold D. L. Corporate Board Attributes, Team Effectiveness and Financial Performance [J]. Journal of Management Studies, 2009, 46 (4): 704 – 731.

[187] Pfefferj, Salancik G. R. The External Control of Organizations: A Resource Dependence Perspective [M]. New York: Harper & Row, 1978.

[188] Pitcher P, Chreim S, Kisfalvi V. CEO Succession Research: Methodological Bridges over Troubled Waters [J]. Strategic Management Journal, 2000, 21

（6）：625 – 648.

［189］ Polzer J. T, Crisp C. B, Jarvenpaa S. L. , et al. Extending the Fault-line Model to Geographically Dispersed Teams：How Colocated Subgroups Can Impair Group Functioning ［J］. Academy of Management Journal, 2006, 49 （4）: 679 – 692.

［190］ Porter M. E. Towards a Dynamic Theory of Strategy ［J］. Strategic Management Journal, 1991, 12 （S. I. ）: 95 – 117.

［191］ Prison M, Turnbull S. Corporate Governance, Risk Management, and the Financial Crisis：An Information Processing View ［J］. Corporate Governance：An International Review, 2011, 19 （5）: 459 – 470.

［192］ Provan K. G, Beyer J. M, Kruytbosch C. Environmental Linkages and Power in Resource Dependence Relations between Organizations ［J］. Administrative Science Quarterly, 1980: 200 – 225.

［193］ Ravasi D, Zattoni A. Exploring the Political Side of Board Involvement in Strategy：A Study of Mixed – Ownership Institutions ［J］. Journal of Management Studies, 2006, 43 （8）: 1671 – 1702.

［194］ Reissner S. C. Change, Meaning and Identity at the Workplace ［J］. Journal of Organizational Change Management, 2010, 23 （3）: 287 – 299.

［195］ Reuer J, Shen J. C. The Extended Merger and Acquisition Process：Understanding the Role of IPOs in Corporate Strategy ［J］. European Management Journal, 2003, 21 （2）: 192 – 198.

［196］ Rico R, Molleman E, Sanchez – Manzanares M. , et al. The Effects of Diversity Faultlines and Team Task Autonomy on Decision Quality and Social Integration ［J］. Journal of Management, 2007, 33 （1）: 111 – 132.

［197］ Rose C. Does Female Board Representation Influence Firm Performance? The Danish Evidence ［J］. Corporate Governance：An International Review, 2007, 15 （2）: 404 – 413.

［198］ Rutherford M. A, Buchholtz A. K. Investigating the Relationship Between board Characteristics and Board Information ［J］. Corporate Governance：An

International Review, 2007, 15 (4): 576 – 584.

[199] Salancik G. R, Pfeffer J. A. Social Information Processing AppStrPerch to Job Attitudes and Task Design [J]. Administrative Science Quarterly, 1978: 224 – 253.

[200] Sanders W. G, Hambrick D. C. Swinging for the Fences: The Effects of CEO Stock Options on Company Risk Taking and Performance [J]. Academy of Management Journal, 2007, 50 (5): 1055 – 1078.

[201] Schmidt S. L, Brauer M. Strategic Governance: How to Assess Board Effectiveness in Guiding Strategy Execution [J]. Corporate Governance. 2006, 14 (1): 13 – 22.

[202] Shaw J. B. The Development and Analysis of a Measure of Group Faultlines [J]. Organizational Research Methods, 2004, 7 (1): 66 – 100.

[203] Spell C. S, Bezrukova K, Haar J. , et al. Faultlines, Fairness, and Fighting: A Justice Perspective on Conflict in Diverse Groups [J]. Small Group Research, 2011, 42 (3): 309 – 340.

[204] Stern I, Westphal J. D. Steathy Footsteps to the Boardroom: Executives' Background, Sophisticated Interpersonal Influence Behavior, and Board Appointment [J]. Administrative Science Quarterly. 2010, 55 (2): 278 – 319.

[205] Tafel H, Turner J. C. The Social Identity Theory of Intergroup Behavior [M]. In: Worchel S, Austin W (eds). Psychology of Intergroup Relations. Chicago: Nelson Hall, 1986: 7 – 24.

[206] Tajfel H, Turner J. C. An Integrative Theory of Intergroup Conflict [J]. The Social Psychology of Intergroup Relations, 1979: 33 – 47.

[207] Tajfel H. Differentiation Between Social Groups: Studies in the Social Psychology of Intergroup Relations [M]. chapters 1 – 3. London: Academic Press, 1978.

[208] Tajfel H. Social Psychology of Intergroup Relations [J]. Annual Review of Psychology. 1982, 33: 1 – 39.

[209] Teece D. J, Pisano G, Shuen A. Dynamic Capabilities and Strategic

Management [J]. Strategic Management Journal, 1997, 18 (7): 509 –533.

[210] Tegarden D. P, Tegarden L. F, Sheetz S. D. Cognitive Factions in A Top Management Team: Surfacing and Analyzing Cognitive Diversity Using Causal Maps [J]. Group Decision and Negotiation, 2009, 18 (6): 537 –566.

[211] Terry D. J, Callan V. J. In – Group Bias in Response to an Organizational Merger [J]. Group Dynamics: Theory, Research, and Practice, 1998, 2 (2): 67 –81.

[212] Thatcher S. M. B, Patel P. C. Demographic Faultlines: A Meta – Analysis of the Literature [J]. Journal of Applied Psychology, 2011, 96 (6): 1119 – 1139.

[213] Thatcher S. M. B, Patel P. C. Group Faultlines: A Review, Integration, and Guide to Future Research [J]. Journal of Management, 2012, 38 (4): 969 –1009.

[214] Thatcher S. M. B, Jehn K. A, Zanutto E. Cracks in Diversity Research: The Effects of Diversity Faultlines on Conflict and Performance [J]. Group Decision and Negotiation, 2003 (12): 217 –241.

[215] Todorova G, Durisin B. Absorptive Capacity: Valuing A Reconceptualization [J]. Academy of Management Review, 2007, 32 (3): 774 –786.

[216] Tuggle C. S, Schnatterly K, Johnson R. A. Attention Patterns in the Boardroom: How Board Composition and Processes Affect Discussion of Entrepreneurial Issues [J]. Academy of Management Journal, 2010, 53 (3): 550 –571.

[217] Tuggle C. S, Sirmon D. G, Rrutzel C. R. , et al. Commanding Board of Director Attention: Investgation How Organizational Performance and CEO Duality Affect Board Members' Attention to Monitoring [J]. Strategic Management Journal, 2010, 31 (9): 946 –968.

[218] Ulrich D, Barney J. B. Perspectives in Organizations: Resource Dependence, Efficiency, and Population [J]. Academy of Management Review, 1984, 9 (3): 471 –481.

[219] Van Der Kamp M, Tjemkes B, Jehn K. The Rise and Fall of Sub-

groups and Conflict in Teams: Faultline Activation and Deactivation [C] //Intl. Association for Conflict Management, IACM 25th Annual Conference. 2012.

[220] Van Dijk R, Van Dick R. Navigating Organizational Change: Change Leaders, Employee Resistance and Work – Based Identities [J]. Journal of Change Management, 2009, 9 (2): 143 – 163.

[221] Van Knippenherg D, Van Ginhel W. P. The Categorization – Elaboration Model of Work Group Diversity [J]. The Psychology of Social and Cultural Diversity, 2010: 257.

[222] Van Knippenberg D, De Dreu C. K. W, Homan A. C. Work Group Diversity and Group Performance: An Integrative Model and Research Agenda [J]. Journal of Applied Psychology, 2004, 89 (6): 1008 – 1022.

[223] Van Oudenhoven – Van Der Zee K, Paulus P, Vos M. , et al. The Impact of Group Composition and Attitudes Towards Diversity on Anticipated Outcomes of Diversity in Groups [J]. Group Processes & Intergroup Relations, 2009, 12 (2): 257 – 280.

[224] Walt N, Ingley C. Board Dynamics and the Influence of Professional Background, Gender and Ethnic Diversity of Directors [J]. Corporate Governance: an International Review, 2003, 11 (3): 218 – 234.

[225] Williams K. Y, O'Reilly C. A. Demography and Diversity in Organizations: A Review of 40 Years of Research [J]. Research in Organizational Behavior, 1998, 20 (20): 77 – 140.

[226] Withers M. C, Corley K. G, Hillman A. J. Stay or Leave: Director Identities and Voluntary Exit from the Board During Organizational Crisis [J]. Organization Science, 2012, 23 (3): 835 – 850.

[227] Zahra S. A, George G. The Net – Enabled Business Innovation Cycle and the Evolution of Dynamic Capabilities [J]. Information Systems Research, 2002, 13 (2): 147 – 150.

[228] Zanutto E. L, Bezrukova K, Jehn K. A. Revisiting Faultline Conceptualization: Measuring Faultline Strength and Distance [J]. Quality & Quantity,

2011, 45 (3): 701 - 714.

[229] Zellmer - Bruhn M. E, Maloney M. M, Bhappu A. D. , et al. When and How Do Differences Matter? An Exploration of Perceived Similarity in Teams [J]. Organizational Behavior and Human Decision Processes, 2008, 107 (1): 41 - 59.

[230] Zhang P. Board Information and Strategic Tasks Performance [J]. Corporate Governance: An International Review, 2010, 18 (5): 473 - 487.

[231] Zhu D. H. Group Polarization on Corporate Boards: Theory and Evidence on Board Decisions about Acquisition Premiums [J]. Strategic Management Journal, 2013, 34 (07): 800 - 822.

[232] Zona F, Zattoni A. Beyond the Black Box of Demography: Board Processes and Task Effectiveness within Italian Firms [J]. Corporate Governance: An International Review, 2007, 15 (5): 852.